T&P BOOKS

ARMEENS

WOORDENSCHAT

THEMATISCHE WOORDENLIJST

NEDERLANDS
ARMEENS

De meest bruikbare woorden
Om uw woordenschat uit te breiden en
uw taalvaardigheid aan te scherpen

7000 woorden

Thematische woordenschat Nederlands-Armeens - 7000 woorden

Door Andrey Taranov

Woordenlijsten van T&P Books zijn bedoeld om u woorden van een vreemde taal te helpen leren, onthouden, en bestudering. Dit woordenboek is ingedeeld in thema's en behandelt alle belangrijk terreinen van het dagelijkse leven, bedrijven, wetenschap, cultuur, etc.

Het proces van het leren van woorden met behulp van de op thema's gebaseerde aanpak van T&P Books biedt u de volgende voordelen:

- Correct gegroepeerde informatie is bepalend voor succes bij opeenvolgende stadia van het leren van woorden
- De beschikbaarheid van woorden die van dezelfde stam zijn maakt het mogelijk om woordgroepen te onthouden (in plaats van losse woorden)
- Kleine groepen van woorden faciliteren het proces van het aanmaken van associatieve verbindingen, die nodig zijn bij het consolideren van de woordenschat
- Het niveau van talenkennis kan worden ingeschat door het aantal geleerde woorden

T&P Books Publishing
www.tpbooks.com

ISBN: 978-1-78492-301-3

Dit boek is ook beschikbaar in e-boek formaat.
Gelieve www.tpbooks.com te bezoeken of de belangrijkste online boekwinkels.

ARMEENSE WOORDENSCHAT
nieuwe woorden leren

T&P Books woordenlijsten zijn bedoeld om u te helpen vreemde woorden te leren, te onthouden, en te bestuderen. De woordenschat bevat meer dan 7000 veel gebruikte woorden die thematisch geordend zijn.

- De woordenlijst bevat de meest gebruikte woorden
- Aanbevolen als aanvulling bij welke taalcursus dan ook
- Voldoet aan de behoeften van de beginnende en gevorderde student in vreemde talen
- Geschikt voor dagelijks gebruik, bestudering en zelftestactiviteiten
- Maakt het mogelijk om uw woordenschat te evalueren

Bijzondere kenmerken van de woordenschat

- De woorden zijn gerangschikt naar hun betekenis, niet volgens alfabet
- De woorden worden weergegeven in drie kolommen om bestudering en zelftesten te vergemakkelijken
- Woorden in groepen worden verdeeld in kleine blokken om het leerproces te vergemakkelijken
- De woordenschat biedt een handige en eenvoudige beschrijving van elk buitenlands woord

De woordenschat bevat 198 onderwerpen zoals:

Basisconcepten, getallen, kleuren, maanden, seizoenen, meeteenheden, kleding en accessoires, eten & voeding, restaurant, familieleden, verwanten, karakter, gevoelens, emoties, ziekten, stad, dorp, bezienswaardigheden, winkelen, geld, huis, thuis, kantoor, werken op kantoor, import & export, marketing, werk zoeken, sport, onderwijs, computer, internet, gereedschap, natuur, landen, nationaliteiten en meer ...

INHOUDSOPGAVE

Uitspraakgids	10
Afkortingen	11

BASISBEGRIPPEN	12
Basisbegrippen Deel 1	12

1.	Voornaamwoorden	12
2.	Begroetingen. Begroetingen. Afscheid	12
3.	Kardinale getallen. Deel 1	13
4.	Kardinale getallen. Deel 2	14
5.	Getallen. Breuken	14
6.	Getallen. Eenvoudige berekeningen	15
7.	Getallen. Diversen	15
8.	De belangrijkste werkwoorden. Deel 1	15
9.	De belangrijkste werkwoorden. Deel 2	16
10.	De belangrijkste werkwoorden. Deel 3	17
11.	De belangrijkste werkwoorden. Deel 4	18
12.	Kleuren	19
13.	Vragen	20
14.	Functiewoorden. Bijwoorden. Deel 1	20
15.	Functiewoorden. Bijwoorden. Deel 2	22

Basisbegrippen Deel 2	24

16.	Tegenovergestelden	24
17.	Dagen van de week	26
18.	Uren. Dag en nacht	26
19.	Maanden. Seizoenen	27
20.	Tijd. Diversen	28
21.	Lijnen en vormen	29
22.	Meeteenheden	30
23.	Containers	31
24.	Materialen	32
25.	Metalen	33

MENS	34
Mens. Het lichaam	34

26.	Mensen. Basisbegrippen	34
27.	Menselijke anatomie	34

28. Hoofd   35
29. Menselijk lichaam   36

Kleding en accessoires   37

30. Bovenkleding. Jassen   37
31. Heren & dames kleding   37
32. Kleding. Ondergoed   38
33. Hoofddeksels   38
34. Schoeisel   38
35. Textiel. Weefsel   39
36. Persoonlijke accessoires   39
37. Kleding. Diversen   40
38. Persoonlijke verzorging. Schoonheidsmiddelen   40
39. Juwelen   41
40. Horloges. Klokken   42

Voedsel. Voeding   43

41. Voedsel   43
42. Drankjes   44
43. Groenten   45
44. Vruchten. Noten   46
45. Brood. Snoep   47
46. Bereide gerechten   47
47. Kruiden   48
48. Maaltijden   49
49. Tafelschikking   49
50. Restaurant   50

Familie, verwanten en vrienden   51

51. Persoonlijke informatie. Formulieren   51
52. Familieleden. Verwanten   51
53. Vrienden. Collega's   52
54. Man. Vrouw   53
55. Leeftijd   53
56. Kinderen   54
57. Gehuwde paren. Gezinsleven   54

Karakter. Gevoelens. Emoties   56

58. Gevoelens. Emoties   56
59. Karakter. Persoonlijkheid   57
60. Slaap. Dromen   58
61. Humor. Gelach. Blijdschap   59
62. Discussie, conversatie. Deel 1   59
63. Discussie, conversatie. Deel 2   60
64. Discussie, conversatie. Deel 3   62
65. Overeenstemming. Weigering   62
66. Succes. Veel geluk. Mislukking   63
67. Ruzies. Negatieve emoties   64

Geneeskunde	66
68. Ziekten	66
69. Symptomen. Behandelingen. Deel 1	67
70. Symptomen. Behandelingen. Deel 2	68
71. Symptomen. Behandelingen. Deel 3	69
72. Artsen	70
73. Geneeskunde. Medicijnen. Accessoires	70
74. Roken. Tabaksproducten	71

HET MENSELIJKE LEEFGEBIED	72
Stad	72
75. Stad. Het leven in de stad	72
76. Stedelijke instellingen	73
77. Stedelijk vervoer	74
78. Bezienswaardigheden	75
79. Winkelen	76
80. Geld	77
81. Post. Postkantoor	78

Woning. Huis. Thuis	79
82. Huis. Woning	79
83. Huis. Ingang. Lift	80
84. Huis. Deuren. Sloten	80
85. Huis op het platteland	81
86. Kasteel. Paleis	81
87. Appartement	82
88. Appartement. Schoonmaken	82
89. Meubels. Interieur	82
90. Beddengoed	83
91. Keuken	83
92. Badkamer	84
93. Huishoudelijke apparaten	85
94. Reparaties. Renovatie	86
95. Loodgieterswerk	86
96. Brand. Vuurzee	87

MENSELIJKE ACTIVITEITEN	89
Baan. Business. Deel 1	89
97. Bankieren	89
98. Telefoon. Telefoongesprek	90
99. Mobiele telefoon	90
100. Schrijfbehoeften	91

Baan. Business. Deel 2	92
101. Massamedia	92
102. Landbouw	93

103. Gebouw. Bouwproces   94

Beroepen en ambachten   96

104. Zoeken naar werk. Ontslag   96
105. Zakenmensen   96
106. Dienstverlenende beroepen   98
107. Militaire beroepen en rangen   98
108. Ambtenaren. Priesters   99
109. Agrarische beroepen   100
110. Kunst beroepen   100
111. Verschillende beroepen   101
112. Beroepen. Sociale status   102

Sport   103

113. Soorten sporten. Sporters   103
114. Soorten sporten. Diversen   104
115. Fitnessruimte   104
116. Sporten. Diversen   105

Onderwijs   107

117. School   107
118. Hogeschool. Universiteit   108
119. Wetenschappen. Disciplines   109
120. Schrift. Spelling   109
121. Vreemde talen   110
122. Sprookjoofiguren   111
123. Dierenriem   112

Kunst   113

124. Theater   113
125. Bioscoop   114
126. Schilderij   115
127. Literatuur & Poëzie   116
128. Circus   116
129. Muziek. Popmuziek   117

Rusten. Entertainment. Reizen   119

130. Trip. Reizen   119
131. Hotel   119
132. Boeken. Lezen   120
133. Jacht. Vissen   122
134. Spellen. Biljart   122
135. Spellen. Speelkaarten   123
136. Rusten. Spellen. Diversen   123
137. Fotografie   124
138. Strand. Zwemmen   124

TECHNISCHE APPARATUUR. VERVOER   126
Technische apparatuur   126

139. Computer   126
140. Internet. E-mail   127

Vervoer   128

141. Vliegtuig   128
142. Trein   129
143. Schip   130
144. Vliegveld   131
145. Fiets. Motorfiets   132

Auto's   133

146. Soorten auto's   133
147. Auto's. Carrosserie   133
148. Auto's. Passagiersruimte   134
149. Auto's. Motor   135
150. Auto's. Botsing. Reparatie   136
151. Auto's. Weg   137

MENSEN. GEBEURTENISSEN IN HET LEVEN   139
Gebeurtenissen in het leven   139

152. Vakanties. Evenement   139
153. Begrafenissen. Begrafenis   140
154. Oorlog. Soldaten   140
155. Oorlog. Militaire acties. Deel 1   141
156. Wapens   143
157. Oude mensen   144
158. Middeleeuwen   145
159. Leider. Baas. Autoriteiten   146
160. De wet overtreden. Criminelen. Deel 1   147
161. De wet overtreden. Criminelen. Deel 2   148
162. Politie. Wet. Deel 1   150
163. Politie. Wet. Deel 2   151

NATUUR   153
De Aarde. Deel 1   153

164. De kosmische ruimte   153
165. De Aarde   154
166. Windrichtingen   155
167. Zee. Oceaan   155
168. Bergen   156
169. Rivieren   157
170. Bos   158
171. Natuurlijke hulpbronnen   159

De Aarde. Deel 2   160

172. Weer   160
173. Zwaar weer. Natuurrampen   161

Fauna   162

174. Zoogdieren. Roofdieren   162
175. Wilde dieren   162
176. Huisdieren   163
177. Honden. Hondenrassen   164
178. Dierengeluiden   165
179. Vogels   165
180. Vogels. Zingen en geluiden   166
181. Vis. Zeedieren   167
182. Amfibieën. Reptielen   168
183. Insecten   168
184. Dieren. Lichaamsdelen   169
185. Dieren. Leefomgevingen   169

Flora   171

186. Bomen   171
187. Heesters   171
188. Champignons   172
189. Vruchten. Bessen   172
190. Bloemen. Planten   173
191. Granen, graankorrels   174

REGIONALE AARDRIJKSKUNDE   175
Landen. Nationaliteiten   175

192. Politiek. Overheid. Deel 1   175
193. Politiek. Overheid. Deel 2   176
194. Landen. Diversen   177
195. Grote religieuze groepen. Bekentenissen   178
196. Religies. Priesters   179
197. Geloof. Christendom. Islam   179

DIVERSEN   182

198. Diverse nuttige woorden   182

UITSPRAAKGIDS

T&P fonetisch alfabet	Armeens voorbeeld	Nederlands voorbeeld
[a]	ճանաչել [čanačél]	acht
[ə]	փութալ [pʰəspʰəsál]	formule, wachten
[e]	հեկտար [hektár]	delen, spreken
[ē]	էկրան [ēkrán]	elf, zwembad
[i]	ֆիզիկոս [fizikós]	bidden, tint
[o]	շոկոլադ [šokolád]	overeenkomst
[u]	հույնուհի [hujnuhí]	hoed, doe
[b]	բամբակ [bambák]	hebben
[d]	դադար [dadár]	Dank u, honderd
[f]	ֆաբրիկա [fábrika]	feestdag, informeren
[g]	գանգ [gang]	goal, tango
[j]	դյույմ [djujm]	New York, januari
[h]	հայուհի [hajuhí]	het, herhalen
[x]	խախտել [xaxtél]	licht, school
[k]	կոճակ [kočák]	kennen, kleur
[l]	փլվել [pʰlvel]	delen, luchter
[m]	մտածել [mtatsél]	morgen, etmaal
[t]	տաքսի [taksí]	tomaat, taart
[n]	նրանք [nrankʰ]	nemen, zonder
[r]	լար [lar]	roepen, breken
[p]	պոմպ [pomp]	parallel, koper
[ġ]	տղամարդ [tġamárd]	gutturale R
[s]	սոուս [soús]	spreken, kosten
[ts]	ծանոթ [tsanótʰ]	niets, plaats
[v]	վոստիկան [vostikán]	beloven, schrijven
[z]	զանգ [zang]	zeven, zesde
[kʰ]	երեք [erékʰ]	deukhoed, Stockholm
[pʰ]	փրկել [pʰrkel]	ophouden, ophangen
[tʰ]	թատրոն [tʰatrón]	luchthaven, stadhuis
[tsʰ]	ակնոց [aknótsʰ]	handschoenen
[ʒ]	ժամանակ [ʒamanák]	journalist, rouge
[dz]	օձիկ [odzíkʰ]	zeldzaam
[dʒ]	հաջող [hadʒóġ]	jeans, jungle
[č]	վիճել [vičél]	Tsjechië, cello
[š]	շահույթ [šahújtʰ]	shampoo, machine
[']	բազակ [baʒák]	hoofdklemtoon

AFKORTINGEN
gebruikt in de woordenschat

Nederlandse afkortingen

abn	-	als bijvoeglijk naamwoord
bijv.	-	bijvoorbeeld
bn	-	bijvoeglijk naamwoord
bw	-	bijwoord
enk.	-	enkelvoud
enz.	-	enzovoort
form.	-	formele taal
inform.	-	informele taal
mann.	-	mannelijk
mil.	-	militair
mv.	-	meervoud
on.ww.	-	onovergankelijk werkwoord
ontelb.	-	ontelbaar
ov.	-	over
ov.ww.	-	overgankelijk werkwoord
telb.	-	telbaar
vn	-	voornaamwoord
vrouw.	-	vrouwelijk
vw	-	voegwoord
vz	-	voorzetsel
wisk.	-	wiskunde
ww	-	werkwoord

Nederlandse artikelen

de	-	gemeenschappelijk geslacht
de/het	-	gemeenschappelijk geslacht, onzijdig
het	-	onzijdig

Armeense interpunctie

՛	-	Uitroepteken
՞	-	Vraagteken
,	-	Komma

BASISBEGRIPPEN

Basisbegrippen Deel 1

1. Voornaamwoorden

ik	ես	[es]
jij, je	դու	[du]
hij, zij, het	նա	[na]
wij, we	մենք	[menkʰ]
jullie	դուք	[dukʰ]
zij, ze	նրանք	[nrankʰ]

2. Begroetingen. Begroetingen. Afscheid

Hallo! Dag!	Բարի	[barév]
Hallo!	Բարի ձեզ	[barév dzéz!]
Goedemorgen!	Բարի լո՛ւյս	[barí lújs!]
Goedemiddag!	Բարի օ՛ր	[barí ór!]
Goedenavond!	Բարի երեկո՛	[barí jerekó!]

gedag zeggen (groeten)	բարևել	[barevél]
Hoi!	Ողջո՛ւյն	[voġdʒújn!]
groeten (het)	ողջույն	[voġdʒújn]
verwelkomen (ww)	ողջունել	[voġdʒunél]
Hoe gaat het?	Ո՞նց են գործերդ	[vontsʰ en gortsérd?]
Is er nog nieuws?	Ի՞նչ նորություն	[inč norutʰjún?]

Dag! Tot ziens!	Ցտեսություն	[tsʰtesutʰjún!]
Tot snel! Tot ziens!	Մինչ նոր հանդիպում	[mínč nór handipúm!]
Vaarwel! (inform.)	Մնաս բարով	[mnas baróv!]
Vaarwel! (form.)	Մնաք բարով	[mnakʰ baróv!]
afscheid nemen (ww)	հրաժեշտ տալ	[hraʒéšt tál]
Tot kijk!	Առա՛յժմ	[arájʒm!]

Dank u!	Շնորհակալություն	[šnorhakalutʰjún!]
Dank u wel!	Շատ շնորհակալ ֊լ եմ	[šat šnorhakál em!]
Graag gedaan	Խնդրեմ	[xndrem]
Geen dank!	Հող չէ	[hog čē]
Geen moeite.	չարժե	[čarʒé]

Excuseer me, ... (inform.)	Ներողություն	[neroġutʰjún!]
Excuseer me, ... (form.)	Ներեցե՛ք	[neretsʰékʰ!]
excuseren (verontschuldigen)	ներել	[nerél]
zich verontschuldigen	ներողություն խնդրել	[neroġutʰjún xndrél]
Mijn excuses.	Ներեցեք	[neretsʰékʰ]

Het spijt me!	Ներեցե՛ք	[neretsʰékʰ!]
vergeven (ww)	ներել	[nerél]
alsjeblieft	խնդրում եմ	[χndrúm em]

Vergeet het niet!	Չմոռանա՛ք	[čmoranákʰ!]
Natuurlijk!	Իհա՛րկե	[ihárke!]
Natuurlijk niet!	Իհարկե ո՛չ	[ihárke voč!]
Akkoord!	Համաձա՛յն եմ	[hamadzájn em!]
Zo is het genoeg!	Բավակա՛ն է	[bavakán ē!]

3. Kardinale getallen. Deel 1

nul	զրո	[zro]
een	մեկ	[mek]
twee	երկու	[erkú]
drie	երեք	[erékʰ]
vier	չորս	[čors]

vijf	հինգ	[hing]
zes	վեց	[vetsʰ]
zeven	յոթ	[jotʰ]
acht	ութ	[utʰ]
negen	ինը	[ínə]

tien	տաս	[tas]
elf	տասնմեկ	[tasnmék]
twaalf	տասներկու	[tasnerkú]
dertien	տասներեք	[tasnerékʰ]
veertien	տասնչորս	[tasnčórs]

vijftien	տասնհինգ	[tasnhíng]
zestien	տասնվեց	[tasnvétsʰ]
zeventien	տասնյոթ	[tasnjótʰ]
achttien	տասնութ	[tasnútʰ]
negentien	տասնինը	[tasnínə]

twintig	քսան	[kʰsan]
eenentwintig	քսանմեկ	[kʰsanmék]
tweeëntwintig	քսաներկու	[kʰsanerkú]
drieëntwintig	քսաներեք	[ksanerékʰ]

dertig	երեսուն	[eresún]
eenendertig	երեսունմեկ	[eresunmék]
tweeëndertig	երեսուներկու	[eresunerkú]
drieëndertig	երեսուներեք	[eresunerékʰ]

veertig	քառասուն	[kʰarasún]
eenenveertig	քառասունմեկ	[kʰarasunmék]
tweeënveertig	քառասուներկու	[kʰarasunerkú]
drieënveertig	քառասուներեք	[karasunerékʰ]

vijftig	հիսուն	[hisún]
eenenvijftig	հիսունմեկ	[hisunmék]
tweeënvijftig	հիսուներկու	[hisunerkú]

drieënvijftig	հիսուներեք	[hisunerékʰ]
zestig	վաթսուն	[vatʰsún]
eenenzestig	վաթսունմեկ	[vatʰsunmék]
tweeënzestig	վաթսուներկու	[vatʰsunerkú]
drieënzestig	վաթսուներեք	[vatʰsunerékʰ]

zeventig	յոթանասուն	[jotʰanasún]
eenenzeventig	յոթանասունմեկ	[jotʰanasunmék]
tweeënzeventig	յոթանասուներկու	[jotʰanasunerkú]
drieënzeventig	յոթանասուներեք	[jotʰanasunerékʰ]

tachtig	ութսուն	[utʰsún]
eenentachtig	ութսունմեկ	[utʰsunmék]
tweeëntachtig	ութսուներկու	[utʰsunerkú]
drieëntachtig	ութսուներեք	[utʰsunerékʰ]

negentig	իննսուն	[innsún]
eenennegentig	իննսունմեկ	[innsunmék]
tweeënnegentig	իննսուներկու	[innsunerkú]
drieënnegentig	իննսուներեք	[innsunerékʰ]

4. Kardinale getallen. Deel 2

honderd	հարյուր	[harjúr]
tweehonderd	երկու հարյուր	[erkú harjúr]
driehonderd	երեք հարյուր	[erékʰ harjúr]
vierhonderd	չորս հարյուր	[čórs harjúr]
vijfhonderd	հինգ հարյուր	[hing harjúr]

zeshonderd	վեց հարյուր	[vetsʰ harjúr]
zevenhonderd	յոթ հարյուր	[jotʰ harjúr]
achthonderd	ութ հարյուր	[utʰ harjúr]
negenhonderd	ինը հարյուր	[ínə harjúr]

duizend	հազար	[hazár]
tweeduizend	երկու հազար	[erkú hazár]
drieduizend	երեք հազար	[erékʰ hazár]
tienduizend	տաս հազար	[tas hazár]
honderdduizend	հարյուր հազար	[harjúr hazár]
miljoen (het)	միլիոն	[milión]
miljard (het)	միլիարդ	[miliárd]

5. Getallen. Breuken

breukgetal (het)	կոտորակ	[kotorák]
half	մեկ երկրորդ	[mek erkrórd]
een derde	մեկ երրորդ	[mek errórd]
kwart	մեկ չորրորդ	[mek čorrórd]
een achtste	մեկ ութերորդ	[mek útʰerord]
een tiende	մեկ տասներորդ	[mek tásnerord]
twee derde	երկու երրորդ	[erkú errórd]
driekwart	երեք չորրորդ	[erékʰ čorrórd]

6. Getallen. Eenvoudige berekeningen

aftrekking (de)	հանում	[hanúm]
aftrekken (ww)	հանել	[hanél]
deling (de)	բաժանում	[baʒanúm]
delen (ww)	բաժանել	[baʒanél]

optelling (de)	գումարում	[gumarúm]
erbij optellen (bij elkaar voegen)	գումարել	[gumarél]
optellen (ww)	գումարել	[gumarél]
vermenigvuldiging (de)	բազմապատկում	[bazmapatkúm]
vermenigvuldigen (ww)	բազմապատկել	[bazmapatkél]

7. Getallen. Diversen

cijfer (het)	թիվ	[tʰiv]
nummer (het)	թիվ	[tʰiv]
telwoord (het)	համարիշ	[hamaríč]
minteken (het)	մինուս	[mínus]
plusteken (het)	պլյուս	[pljus]
formule (de)	բանաձև	[banadzév]

berekening (de)	հաշվարկ	[hašvárk]
tellen (ww)	հաշվել	[hašvél]
bijrekenen (ww)	հաշվարկ անել	[hašvárk anél]
vergelijken (ww)	համեմատել	[hamematél]

Hoeveel?	քանի՞	[kʰaní?]
som (de), totaal (het)	գումար	[gumár]
uitkomst (de)	արդյունք	[ardjúnkʰ]
rest (de)	մնացորդ	[mnatsʰórd]

enkele (bijv. ~ minuten)	մի քանի	[mi kʰaní]
weinig (telb.)	մի փոքր ...	[mi pʰokʰr ...]
een beetje (ontelb.)	մի քիչ ...	[mi kʰič ...]
restant (het)	մնացած	[mnatsʰátse]
anderhalf	մեկ ու կես	[mek u kes]
dozijn (het)	դյուժին	[djuʒín]

middendoor (bw)	կես	[kes]
even (bw)	հավասար	[havasár]
helft (de)	կես	[kes]
keer (de)	անգամ	[angám]

8. De belangrijkste werkwoorden. Deel 1

aanbevelen (ww)	երաշխավորել	[erašxavorél]
aandringen (ww)	պնդել	[pndel]
aankomen (per auto, enz.)	ժամանել	[ʒamanél]
aanraken (ww)	ձեռք տալ	[dzérkʰ tal]

adviseren (ww)	խորհուրդ տալ	[xorhúrd tal]
afdalen (on.ww.)	իջնել	[idʒnél]
afslaan (naar rechts ~)	թեքվել	[tʰekʰvél]
antwoorden (ww)	պատասխանել	[patasxanél]
bang zijn (ww)	վախենալ	[vaxenál]
bedreigen (bijv. met een pistool)	սպառնալ	[sparnál]

bedriegen (ww)	խաբել	[xabél]
beëindigen (ww)	ավարտել	[avartél]
beginnen (ww)	սկսել	[sksel]
begrijpen (ww)	հասկանալ	[haskanál]
beheren (managen)	ղեկավարել	[ǵekavarél]

beledigen (met scheldwoorden)	վիրավորել	[viravorél]
beloven (ww)	խոստանալ	[xostanál]
bereiden (koken)	պատրաստել	[patrastél]
bespreken (spreken over)	քննարկել	[kʰnnarkél]

bestellen (eten ~)	պատվիրել	[patvirél]
bestraffen (een stout kind ~)	պատժել	[patʒél]
betalen (ww)	վճարել	[včarél]
betekenen (beduiden)	նշանակել	[nšanakél]
betreuren (ww)	ափսոսալ	[apʰsosál]

bevallen (prettig vinden)	դուր գալ	[dur gal]
bevelen (mil.)	հրամայել	[hramajél]
bevrijden (stad, enz.)	ազատագրել	[azatagrél]
bewaren (ww)	պահպանել	[pahpanél]
bezitten (ww)	ունենալ	[unenál]

bidden (praten met God)	աղոթել	[aǵotʰél]
binnengaan (een kamer ~)	մտնել	[mtnel]
breken (ww)	կոտրել	[kotrél]
controleren (ww)	վերահսկել	[verahskél]
creëren (ww)	ստեղծել	[steǵtsél]

deelnemen (ww)	մասնակցել	[masnaktsʰél]
denken (ww)	մտածել	[mtatsél]
doden (ww)	սպանել	[spanél]
doen (ww)	անել	[anél]
dorst hebben (ww)	ուզենալ խմել	[uzenál xmel]

9. De belangrijkste werkwoorden. Deel 2

een hint geven	ակնարկել	[aknarkél]
eisen (met klem vragen)	պահանջել	[pahandʒél]
existeren (bestaan)	գոյություն ունենալ	[gojutʰjún unenál]
gaan (te voet)	գնալ	[gnal]

gaan zitten (ww)	նստել	[nstel]
gaan zwemmen	լողալ	[loǵál]
geven (ww)	տալ	[tal]

| glimlachen (ww) | ժպտալ | [ʒptal] |
| goed raden (ww) | գուշակել | [gušakél] |

| grappen maken (ww) | կատակել | [katakél] |
| graven (ww) | փորել | [pʰorél] |

hebben (ww)	ունենալ	[unenál]
helpen (ww)	օգնել	[ognél]
herhalen (opnieuw zeggen)	կրկնել	[krknel]
honger hebben (ww)	սոված լինել	[uzenál utél]

hopen (ww)	հուսալ	[husál]
horen (waarnemen met het oor)	լսել	[lsel]
huilen (wenen)	լացել	[latsʰél]
huren (huis, kamer)	վարձել	[vardzél]
informeren (informatie geven)	տեղեկացնել	[teġekatsʰnél]

instemmen (akkoord gaan)	համաձայնվել	[hamadzajnvél]
jagen (ww)	որս անել	[vors anél]
kennen (kennis hebben van iemand)	ճանաչել	[čanačél]
kiezen (ww)	ընտրել	[əntrél]
klagen (ww)	գանգատվել	[gangatvél]

kosten (ww)	արժենալ	[arʒenál]
kunnen (ww)	կարողանալ	[karoġanál]
lachen (ww)	ծիծաղել	[tsitsaġél]
laten vallen (ww)	վայր գցել	[vájr gtsʰel]
lezen (ww)	կարդալ	[kardál]

liefhebben (ww)	սիրել	[sirél]
lunchen (ww)	ճաշել	[čašél]
nemen (ww)	վերցնել	[vertsʰnél]
nodig zijn (ww)	պետք լինել	[pétkʰ linél]

10. De belangrijkste werkwoorden. Deel 3

onderschatten (ww)	թերագնահատել	[tʰeragnahatél]
ondertekenen (ww)	ստորագրել	[storagrél]
ontbijten (ww)	նախաճաշել	[naχačašél]
openen (ww)	բացել	[batsʰél]
ophouden (ww)	դադարեցնել	[dadaretsʰnél]
opmerken (zien)	նկատել	[nkatél]

opscheppen (ww)	պարծենալ	[partsenál]
opschrijven (ww)	գրառել	[grarél]
plannen (ww)	պլանավորել	[planavorél]
prefereren (verkiezen)	նախընտրել	[naχəntrél]
proberen (trachten)	փորձել	[pʰordzél]
redden (ww)	փրկել	[pʰrkel]

| rekenen op ... | հույս դնել ... վրա | [hujs dnel ... vra] |
| rennen (ww) | վազել | [vazél] |

17

reserveren (een hotelkamer ~)	ամրագրել	[amragrél]
roepen (om hulp)	կանչել	[kančél]
schieten (ww)	կրակել	[krakél]
schreeuwen (ww)	բղավել	[bġavél]

schrijven (ww)	գրել	[grel]
souperen (ww)	ընթրել	[ənthrél]
spelen (kinderen)	խաղալ	[xaġál]
spreken (ww)	խոսել	[xosél]
stelen (ww)	գողանալ	[goġanál]
stoppen (pauzeren)	կանգ առնել	[káng arnél]

studeren (Nederlands ~)	ուսումնասիրել	[usumnasirél]
sturen (zenden)	ուղարկել	[uġarkél]
tellen (optellen)	հաշվել	[hašvél]
toebehoren aan ...	պատկանել	[patkanél]
toestaan (ww)	թույլատրել	[thujlatrél]
tonen (ww)	ցույց տալ	[tshújtsh tal]

twijfelen (onzeker zijn)	կասկածել	[kaskatsél]
uitgaan (ww)	դուրս գալ	[durs gal]
uitnodigen (ww)	հրավիրել	[hravirél]
uitspreken (ww)	արտասանել	[artasanél]
uitvaren tegen (ww)	կշտամբել	[kštambél]

11. De belangrijkste werkwoorden. Deel 4

vallen (ww)	ընկնել	[ənknél]
vangen (ww)	բռնել	[brnel]
veranderen (anders maken)	փոխել	[phoxél]
verbaasd zijn (ww)	զարմանալ	[zarmanál]
verbergen (ww)	թաքցնել	[thakhtshnél]

verdedigen (je land ~)	պաշտպանել	[paštpanél]
verenigen (ww)	միավորել	[miavorél]
vergelijken (ww)	համեմատել	[hamematél]
vergeten (ww)	մոռանալ	[moranál]
vergeven (ww)	ներել	[nerél]

verklaren (uitleggen)	բացատրել	[batshatrél]
verkopen (per stuk ~)	վաճառել	[vačarél]
vermelden (praten over)	հիշատակել	[hišatakél]
versieren (decoreren)	զարդարել	[zardarél]
vertalen (ww)	թարգմանել	[thargmanél]

vertrouwen (ww)	վստահել	[vstahél]
vervolgen (ww)	շարունակել	[šarunakél]
verwarren (met elkaar ~)	շփոթել	[šphothél]
verzoeken (ww)	խնդրել	[xndrel]
verzuimen (school, enz.)	բաց թողնել	[batsh thoġnél]

vinden (ww)	գտնել	[gtnel]
vliegen (ww)	թռչel	[thrčel]

volgen (ww)	գնալ ... հետևից	[gnal ... hetevíts^h]
voorstellen (ww)	առաջարկել	[aradʒarkél]
voorzien (verwachten)	կանխատեսել	[kanxatesél]
vragen (ww)	հարցնել	[harts^hnél]

waarnemen (ww)	հետևել	[hetevél]
waarschuwen (ww)	զգուշացնել	[zgušats^hnél]
wachten (ww)	սպասել	[spasél]
weerspreken (ww)	հակաճառել	[hakačarél]
weigeren (ww)	հրաժարվել	[hraʒarvél]

werken (ww)	աշխատել	[ašxatél]
weten (ww)	իմանալ	[imanál]
willen (verlangen)	ուզենալ	[uzenál]
zeggen (ww)	ասել	[asél]
zich haasten (ww)	շտապել	[štapél]

zich interesseren voor ...	հետաքրքրվել	[hetak^hrk^hrvél]
zich vergissen (ww)	սխալվել	[sxalvél]
zich verontschuldigen	ներողություն խնդրել	[neroġut^hjún xndrél]
zien (ww)	տեսնել	[tesnél]

zijn (ww)	լինել	[linél]
zoeken (ww)	փնտրել	[p^hntrel]
zwemmen (ww)	լողալ	[loġál]
zwijgen (ww)	լռել	[Irel]

12. Kleuren

kleur (de)	գույն	[gujn]
tint (de)	երանգ	[eráng]
kleurnuance (de)	գուներանգ	[guneráng]
regenboog (de)	ծիածան	[tsiatsán]

wit (bn)	սպիտակ	[spiták]
zwart (bn)	սև	[sev]
grijs (bn)	մոխրագույն	[moxragújn]

groen (bn)	կանաչ	[kanáč]
geel (bn)	դեղին	[deġín]
rood (bn)	կարմիր	[karmír]

blauw (bn)	կապույտ	[kapújt]
lichtblauw (bn)	երկնագույն	[erknagújn]
roze (bn)	վարդագույն	[vardagújn]
oranje (bn)	նարնջագույն	[narndʒagújn]
violet (bn)	մանուշակագույն	[manušakagújn]
bruin (bn)	շագանակագույն	[šaganakagújn]

goud (bn)	ոսկե	[voské]
zilverkleurig (bn)	արծաթագույն	[artsat^hagújn]

beige (bn)	բեժ	[beʒ]
roomkleurig (bn)	կրեմագույն	[kremagújn]

turkoois (bn)	փիրուզագույն	[pʰiruzagújn]
kersrood (bn)	բալագույն	[balagújn]
lila (bn)	բաց մանուշակագույն	[batsʰ manušakagújn]
karmijnrood (bn)	մորեգույն	[moregújn]

licht (bn)	բաց	[batsʰ]
donker (bn)	մուգ	[mug]
fel (bn)	վառ	[var]

kleur-, kleurig (bn)	գունավոր	[gunavór]
kleuren- (abn)	գունավոր	[gunavór]
zwart-wit (bn)	սև ու սպիտակ	[sev u spiták]
eenkleurig (bn)	միագույն	[miagújn]
veelkleurig (bn)	գույնզգույն	[gujnzgújn]

13. Vragen

Wie?	Ո՞վ	[ov?]
Wat?	Ի՞նչ	[inč?]
Waar?	Որտե՞ղ	[vortéǵ?]
Waarheen?	Ո՞ւր	[ur?]
Waarvandaan?	Որտեղի՞ց	[vorteǵítsʰ?]
Wanneer?	Ե՞րբ	[erb?]
Waarom?	Ինչո՞ւ	[inčú?]
Waarom?	Ինչո՞ւ	[inčú?]

Waarvoor dan ook?	Ինչի՞ համար	[inčí hamár?]
Hoe?	Ինչպե՞ս	[inčpés?]
Wat voor ...?	Ինչպիսի՞	[inčpisí?]
Welk?	Ո՞րը	[voré?]

Aan wie?	Ո՞ւմ	[um?]
Over wie?	Ո՞ւմ մասին	[úm masín?]
Waarover?	Ինչի՞ մասին	[inčí masín?]
Met wie?	Ո՞ւմ հետ	[úm het?]

Hoeveel?	բանի՞	[kʰaní?]
Van wie? (mann.)	Ո՞ւմ	[um?]

14. Functiewoorden. Bijwoorden. Deel 1

Waar?	Որտե՞ղ	[vortéǵ?]
hier (bw)	այստեղ	[ajstéǵ]
daar (bw)	այնտեղ	[ajntéǵ]

ergens (bw)	որևէ տեղ	[vorevē teǵ]
nergens (bw)	ոչ մի տեղ	[voč mi teǵ]

bij ... (in de buurt)	... մոտ	[... mot]
bij het raam	պատուհանի մոտ	[patuhaní mót]
Waarheen?	Ո՞ւր	[ur?]
hierheen (bw)	այստեղ	[ajstéǵ]

daarheen (bw)	այնտեղ	[ajnté]
hiervandaan (bw)	այստեղից	[ajsteǵíts^h]
daarvandaan (bw)	այնտեղից	[ajnteǵíts^h]

| dichtbij (bw) | մոտ | [mot] |
| ver (bw) | հեռու | [herú] |

in de buurt (van ...)	մոտ	[mot]
dichtbij (bw)	մոտակայքում	[motakajk^húm]
niet ver (bw)	մոտիկ	[motík]

linker (bn)	ձախ	[dzaχ]
links (bw)	ձախ կողմից	[dzaχ koǵmíts^h]
linksaf, naar links (bw)	դեպի ձախ	[depí dzaχ]

rechter (bn)	աջ	[adʒ]
rechts (bw)	աջ կողմից	[adʒ koǵmíts^h]
rechtsaf, naar rechts (bw)	դեպի աջ	[depí adʒ]

vooraan (bw)	առջևից	[ardʒevíts^h]
voorste (bn)	առջևի	[ardʒeví]
vooruit (bw)	առաջ	[arádʒ]

achter (bw)	հետևում	[hetevúm]
van achteren (bw)	հետևից	[hetevíts^h]
achteruit (naar achteren)	հետ	[het]

| midden (het) | միջտեղ | [medʒtéǵ] |
| in het midden (bw) | միջտեղում | [medʒteǵúm] |

opzij (bw)	կողքից	[koǵk^híts^h]
overal (bw)	ամենուր	[amenúr]
omheen (bw)	շուրջը	[šúrdʒə]

binnenuit (bw)	միջից	[midʒíts^h]
naar ergens (bw)	որևէ տեղ	[vorevē teǵ]
rechtdoor (bw)	ուղիղ	[uǵíǵ]
terug (bijv. ~ komen)	ետ	[et]

| ergens vandaan (bw) | որևէ տեղից | [vorevē teǵíts^h] |
| ergens vandaan
(en dit geld moet ~ komen) | ինչ-որ տեղից | [inč vor teǵíts^h] |

ten eerste (bw)	առաջին	[aradʒínə]
ten tweede (bw)	երկրորդ	[erkrórdə]
ten derde (bw)	երրորդ	[errórdə]

plotseling (bw)	հանկարծակի	[hankartsáki]
in het begin (bw)	սկզբում	[skzbum]
voor de eerste keer (bw)	առաջին անգամ	[aradʒín angám]
lang voor ... (bw)	... շատ առաջ	[... šat arádʒ]
opnieuw (bw)	կրկին	[krkin]
voor eeuwig (bw)	ընդմիշտ	[əndmíšt]

| nooit (bw) | երբեք | [erbék^h] |
| weer (bw) | նորից | [noríts^h] |

nu (bw)	այժմ	[ajʒm]
vaak (bw)	հաճախ	[hačáχ]
toen (bw)	այն ժամանակ	[ajn ʒamanák]
urgent (bw)	շտապ	[štap]
meestal (bw)	սովորաբար	[sovorabár]

trouwens, ... (tussen haakjes)	ի դեպ, ...	[i dep ...]
mogelijk (bw)	հնարավոր է	[hnaravór ē]
waarschijnlijk (bw)	հավանաբար	[havanabár]
misschien (bw)	միգուցե	[migutsʰé]
trouwens (bw)	բացի այդ, ...	[batsʰí ájd ...]
daarom ...	այդ պատճառով	[ajd patčaróv]
in weerwil van ...	չնայած ...	[čnajáts ...]
dankzij ...	շնորհիվ ...	[šnorhív ...]

wat (vn)	ինչ	[inč]
dat (vw)	որ	[vor]
iets (vn)	ինչ-որ բան	[inč vor bán]
iets	որևէ բան	[vórevē ban]
niets (vn)	ոչ մի բան	[voč mi ban]

wie (~ is daar?)	ով	[ov]
iemand (een onbekende)	ինչ-որ մեկը	[inč vor mékə]
iemand (een bepaald persoon)	որևէ մեկը	[vórevē mékə]

niemand (vn)	ոչ մեկ	[voč mek]
nergens (bw)	ոչ մի տեղ	[voč mi teģ]
niemands (bn)	ոչ մեկինը	[voč mekínə]
iemands (bn)	որևէ մեկինը	[vórevē mekínə]

zo (lk ben ~ blij)	այնպես	[ajnpés]
ook (evenals)	նմանապես	[nmanapés]
alsook (eveneens)	նույնպես	[nújnpes]

15. Functiewoorden. Bijwoorden. Deel 2

Waarom?	Ինչո՞ւ	[inčú?]
om een bepaalde reden	չգիտես ինչու	[čgités inčú]
omdat ...	որովհետև, ...	[vorovhetév ...]
voor een bepaald doel	ինչ-որ նպատակով	[inč vor npatakóv]

en (vw)	և	[ev]
of (vw)	կամ	[kam]
maar (vw)	բայց	[bajtsʰ]
voor (vz)	համար	[hamár]

te (~ veel mensen)	չափազանց	[čapʰazántsʰ]
alleen (bw)	միայն	[miájn]
precies (bw)	ճիշտ	[čišt]
ongeveer (~ 10 kg)	մոտ	[mot]
omstreeks (bw)	մոտավորապես	[motavorapés]
bij benadering (bn)	մոտավոր	[motavór]

bijna (bw)	զրեթե	[grétʰe]
rest (de)	մնացածը	[mnatsʰátsə]

elk (bn)	յուրաքանչյուր	[jurakʰančjúr]
om het even welk	ցանկացած	[tsankatsʰáts]
veel (grote hoeveelheid)	շատ	[šat]
veel mensen	շատերը	[šatérə]
iedereen (alle personen)	բոլորը	[bolórə]

in ruil voor ...	ի փոխարեն ...	[i pʰoχarén ...]
in ruil (bw)	փոխարեն	[pʰoχarén]
met de hand (bw)	ձեռքով	[dzerkʰóv]
onwaarschijnlijk (bw)	հազիվ թե	[hazív tʰe]

waarschijnlijk (bw)	երևի	[ereví]
met opzet (bw)	դիտմամբ	[ditmámb]
toevallig (bw)	պատահաբար	[patahabár]

zeer (bw)	շատ	[šat]
bijvoorbeeld (bw)	օրինակ	[orinák]
tussen (~ twee steden)	միջև	[midʒév]
tussen (te midden van)	միջավայրում	[midʒavajrúm]
zoveel (bw)	այնքան	[ajnkʰán]
vooral (bw)	հատկապես	[hatkapés]

23

Basisbegrippen Deel 2

16. Tegenovergestelden

rijk (bn)	հարուստ	[harúst]
arm (bn)	աղքատ	[aǵkʰát]
ziek (bn)	հիվանդ	[hivánd]
gezond (bn)	առողջ	[aróǵdʒ]
groot (bn)	մեծ	[mets]
klein (bn)	փոքր	[pʰokʰr]
snel (bw)	արագ	[arág]
langzaam (bw)	դանդաղ	[dandáǵ]
snel (bn)	արագ	[arág]
langzaam (bn)	դանդաղ	[dandáǵ]
vrolijk (bn)	ուրախ	[uráχ]
treurig (bn)	տխուր	[tχur]
samen (bw)	միասին	[miasín]
apart (bw)	առանձին	[arandzín]
hardop (~ lezen)	բարձրաձայն	[bardzradzájn]
stil (~ lezen)	մտքում	[mtkʰum]
hoog (bn)	բարձր	[bardzr]
laag (bn)	ցածրահասակ	[tsʰatsrahasák]
diep (bn)	խորը	[χórə]
ondiep (bn)	ծանծաղ	[tsantsáǵ]
ja	այո	[ajó]
nee	ոչ	[voč]
ver (bn)	հեռու	[herú]
dicht (bn)	մոտիկ	[motík]
ver (bw)	հեռու	[herú]
dichtbij (bw)	մոտ	[mot]
lang (bn)	երկար	[erkár]
kort (bn)	կարճ	[karč]
vriendelijk (goedhartig)	բարի	[barí]
kwaad (bn)	չար	[čar]
gehuwd (mann.)	ամուսնացած	[amusnatsʰáts]

24

ongehuwd (mann.)	ամուրի	[amurí]

| verbieden (ww) | արգելել | [argelél] |
| toestaan (ww) | թույլատրել | [tʰujlatrél] |

| einde (het) | վերջ | [verdʒ] |
| begin (het) | սկիզբ | [skizb] |

| linker (bn) | ձախ | [dzaχ] |
| rechter (bn) | աջ | [adʒ] |

| eerste (bn) | առաջին | [aradʒín] |
| laatste (bn) | վերջին | [verdʒín] |

| misdaad (de) | հանցագործություն | [hantsʰagortsutʰjún] |
| bestraffing (de) | պատիժ | [patíʒ] |

| bevelen (ww) | հրամայել | [hramajél] |
| gehoorzamen (ww) | ենթարկվել | [entʰarkvél] |

| recht (bn) | ուղիղ | [uǵíǵ] |
| krom (bn) | ծուռ | [tsur] |

| paradijs (het) | դրախտ | [draχt] |
| hel (de) | դժոխք | [dʒoχkʰ] |

| geboren worden (ww) | ծնվել | [tsnvel] |
| sterven (ww) | մահանալ | [mahanál] |

| sterk (bn) | ուժեղ | [uʒéǵ] |
| zwak (bn) | թույլ | [tʰujl] |

| oud (bn) | ծեր | [tser] |
| jong (bn) | երիտասարդ | [eritasárd] |

| oud (bn) | հին | [hin] |
| nieuw (bn) | նոր | [nor] |

| hard (bn) | կոշտ | [košt] |
| zacht (bn) | փափուկ | [pʰapúk] |

| warm (bn) | տաք | [takʰ] |
| koud (bn) | սառը | [sárə] |

| dik (bn) | գեր | [ger] |
| dun (bn) | նիհար | [nihár] |

| smal (bn) | նեղ | [neǵ] |
| breed (bn) | լայն | [lajn] |

| goed (bn) | լավ | [lav] |
| slecht (bn) | վատ | [vat] |

| moedig (bn) | քաջ | [kʰadʒ] |
| laf (bn) | վախկոտ | [vaχkót] |

17. Dagen van de week

maandag (de)	երկուշաբթի	[erkušabtʰí]
dinsdag (de)	երեքշաբթի	[erekʰšabtʰí]
woensdag (de)	չորեքշաբթի	[čorekʰšabtʰí]
donderdag (de)	հինգշաբթի	[hingšabtʰí]
vrijdag (de)	ուրբաթ	[urbátʰ]
zaterdag (de)	շաբաթ	[šabátʰ]
zondag (de)	կիրակի	[kirakí]

vandaag (bw)	այսոր	[ajsór]
morgen (bw)	վաղը	[váġə]
overmorgen (bw)	վաղը չէ մյուս օրը	[váġə čē mjus órə]
gisteren (bw)	երեկ	[erék]
eergisteren (bw)	նախանցյալ օրը	[naχantsʰjál órə]

dag (de)	օր	[or]
werkdag (de)	աշխատանքային օր	[ašχatankʰajín or]
feestdag (de)	տոնական օր	[tonakán or]
verlofdag (de)	հանգստյան օր	[hangstján ór]
weekend (het)	շաբաթ, կիրակի	[šabátʰ, kirakí]

de hele dag (bw)	ամբողջ օր	[ambóǧdʒ ór]
de volgende dag (bw)	մյուս օրը	[mjus órə]
twee dagen geleden	երկու օր առաջ	[erkú or árádʒ]
aan de vooravond (bw)	նախորդ օրը	[naχórd órə]
dag-, dagelijks (bn)	ամենօրյա	[amenorjá]
elke dag (bw)	ամեն օր	[amén or]

week (de)	շաբաթ	[šabátʰ]
vorige week (bw)	անցյալ շաբաթ	[antsʰjál šabátʰ]
volgende week (bw)	հաջորդ շաբաթ	[hadʒórt shabát]
wekelijks (bn)	շաբաթական	[šabatʰakán]
elke week (bw)	շաբաթական	[šabatʰakán]
twee keer per week	շաբաթը երկու անգամ	[šabátʰə erkú angám]
elke dinsdag	ամեն երեքշաբթի	[amén erekʰšabtʰí]

18. Uren. Dag en nacht

morgen (de)	առավոտ	[aravót]
's morgens (bw)	առավոտյան	[aravotján]
middag (de)	կեսոր	[kesór]
's middags (bw)	ճաշից հետո	[čašítsʰ hetó]

avond (de)	երեկո	[erekó]
's avonds (bw)	երեկոյան	[erekoján]
nacht (de)	գիշեր	[gišér]
's nachts (bw)	գիշերը	[gišérə]
middernacht (de)	կեսգիշեր	[kesgišér]

seconde (de)	վայրկյան	[vajrkján]
minuut (de)	րոպե	[ropé]
uur (het)	ժամ	[ʒam]

halfuur (het)	կես ժամ	[kes ʒam]
kwartier (het)	քառորդ ժամ	[kʰarórd ʒam]
vijftien minuten	տասնհինգ րոպե	[tasnhíng ropé]
etmaal (het)	օր	[or]

zonsopgang (de)	արևածագ	[arevatság]
dageraad (de)	արևածագ	[arevatság]
vroege morgen (de)	վաղ առավոտ	[vaġ aravót]
zonsondergang (de)	մայրամուտ	[majramút]

's morgens vroeg (bw)	վաղ առավոտյան	[váġ aravotján]
vanmorgen (bw)	այսօր առավոտյան	[ajsór aravotján]
morgenochtend (bw)	վաղը առավոտյան	[váġə aravotján]

vanmiddag (bw)	այսօր ցերեկը	[ajsór tsʰerékə]
's middags (bw)	ճաշից հետո	[čašítsʰ hetó]
morgenmiddag (bw)	վաղը ճաշից հետո	[váġə čašítsʰ hetó]

vanavond (bw)	այսօր երեկոյան	[ajsór erekoján]
morgenavond (bw)	վաղը երեկոյան	[váġə erekoján]

klokslag drie uur	ուղիղ ժամը երեքին	[uġíġ ʒámə erekʰín]
ongeveer vier uur	մոտ ժամը չորսին	[mot ʒámə čorsín]
tegen twaalf uur	մոտ ժամը տասներկուսին	[mot ʒámə tasnerkusín]

over twintig minuten	քսան րոպեից	[kʰsán ropeítsʰ]
over een uur	մեկ ժամից	[mek ʒamítsʰ]
op tijd (bw)	ժամանակին	[ʒamanakín]

kwart voor ...	տասնհինգ պակաս	[tasnhíng pakás]
binnen een uur	մեկ ժամվա ընթացքում	[mek ʒamvá əntʰatsʰkʰúm]
elk kwartier	տասնհինգ րոպեն մեկ	[tasnhíng ropén mek]
de klok rond	ողջ օրը	[voġdʒ órə]

19. Maanden. Seizoenen

januari (de)	հունվար	[hunvár]
februari (de)	փետրվար	[pʰetrvár]
maart (de)	մարտ	[mart]
april (de)	ապրիլ	[apríl]
mei (de)	մայիս	[majís]
juni (de)	հունիս	[hunís]

juli (de)	հուլիս	[hulís]
augustus (de)	օգոստոս	[ogostós]
september (de)	սեպտեմբեր	[septembér]
oktober (de)	հոկտեմբեր	[hoktembér]
november (de)	նոյեմբեր	[noembér]
december (de)	դեկտեմբեր	[dektembér]

lente (de)	գարուն	[garún]
in de lente (bw)	գարնանը	[garnánə]
lente- (abn)	գարնանային	[garnanajín]
zomer (de)	ամառ	[amár]

27

in de zomer (bw)	ամռանը	[amráne]
zomer-, zomers (bn)	ամառային	[amarajín]
herfst (de)	աշուն	[ašún]
in de herfst (bw)	աշնանը	[ašnáne]
herfst- (abn)	աշնանային	[ašnanajín]
winter (de)	ձմեռ	[dzmer]
in de winter (bw)	ձմռանը	[dzmráne]
winter- (abn)	ձմեռային	[dzmerajín]
maand (de)	ամիս	[amís]
deze maand (bw)	այս ամիս	[ajs amís]
volgende maand (bw)	մյուս ամիս	[mjús amís]
vorige maand (bw)	անցյալ ամիս	[antsʰjál amís]
een maand geleden (bw)	մեկ ամիս առաջ	[mek amís arádʒ]
over een maand (bw)	մեկ ամիս հետո	[mek amís hetó]
over twee maanden (bw)	երկու ամիս հետո	[erkú amís hetó]
de hele maand (bw)	ամբողջ ամիս	[ambóġdʒ amís]
een volle maand (bw)	ողջ ամիս	[voġdʒ amís]
maand-, maandelijks (bn)	ամսական	[amsakán]
maandelijks (bw)	ամեն ամիս	[amén amís]
elke maand (bw)	ամեն ամիս	[amén amís]
twee keer per maand	ամսական երկու անգամ	[amsakán erkú angám]
jaar (het)	տարի	[tarí]
dit jaar (bw)	այս տարի	[ajs tarí]
volgend jaar (bw)	մյուս տարի	[mjus tarí]
vorig jaar (bw)	անցյալ տարի	[antsʰjál tarí]
een jaar geleden (bw)	մեկ տարի առաջ	[mek tarí arádʒ]
over een jaar	մեկ տարի անց	[mek tarí ántsʰ]
over twee jaar	երկու տարի անց	[erkú tarí antsʰ]
het hele jaar	ամբողջ տարի	[ambóġdʒ tarí]
een vol jaar	ողջ տարի	[voġdʒ tarí]
elk jaar	ամեն տարի	[amén tarí]
jaar-, jaarlijks (bn)	տարեկան	[tarekán]
jaarlijks (bw)	ամեն տարի	[amén tarí]
4 keer per jaar	տարեկան չորս անգամ	[tarekán čórs angám]
datum (de)	ամսաթիվ	[amsatʰív]
datum (de)	ամսաթիվ	[amsatʰív]
kalender (de)	օրացույց	[oratsʰújtsʰ]
een half jaar	կես տարի	[kes tarí]
zes maanden	կիսամյակ	[kisamják]
seizoen (bijv. lente, zomer)	եղանակ	[sezón]
eeuw (de)	դար	[dar]

20. Tijd. Diversen

tijd (de)	ժամանակ	[ʒamanák]
ogenblik (het)	ակնթարթ	[akntʰártʰ]

moment (het)	ակնթարթ	[aknthárth]
ogenblikkelijk (bn)	ակնթարթային	[akntharthajín]
tijdsbestek (het)	ժամանակահատված	[ʒamanakahatváts]
leven (het)	կյանք	[kjankh]
eeuwigheid (de)	հավերժություն	[haverʒuthjún]

epoche (de), tijdperk (het)	դարաշրջան	[darašrdʒán]
era (de), tijdperk (het)	դարաշրջան	[darašrdʒán]
cyclus (de)	ցիկլ	[tshikl]
periode (de)	ժամանակահատված	[ʒamanakahatváts]
termijn (vastgestelde periode)	ժամկետ	[ʒamkét]

toekomst (de)	ապագա	[apagá]
toekomstig (bn)	ապագա	[apagá]
de volgende keer	հաջորդ անգամ	[hadʒórd angám]
verleden (het)	անցյալ	[antshjál]
vorig (bn)	անցյալ	[antshjál]
de vorige keer	անցյալ անգամ	[antshjál angám]
later (bw)	քիչ անց	[khič antsh]
na (~ het diner)	հետո	[hetó]
tegenwoordig (bw)	այժմ	[ajʒm]
nu (bw)	հիմա	[himá]
onmiddellijk (bw)	անմիջապես	[anmidʒapés]
snel (bw)	շուտով	[šutóv]
bij voorbaat (bw)	նախորոք	[naχorókh]

lang geleden (bw)	վաղուց	[vaġútsh]
kort geleden (bw)	վերջերս	[verdʒérs]
noodlot (het)	ճակատագիր	[čakatagír]
herinneringen (mv.)	հիշողություններ	[hišohuthjúnnér]
archief (het)	արխիվ	[arχív]
tijdens ... (ten tijde van)	... ժամանակ	[... ʒamanák]
lang (bw)	երկար ժամանակ	[erkár ʒamanák]
niet lang (bw)	կարճ ժամանակ	[karč ʒamanák]
vroeg (bijv. ~ in de ochtend)	շուտ	[šut]
laat (bw)	ուշ	[uš]

voor altijd (bw)	ընդմիշտ	[əndmíšt]
beginnen (ww)	սկսել	[sksel]
uitstellen (ww)	տեղափոխել	[teġaphoχél]

tegelijkertijd (bw)	միաժամանակ	[miaʒamanák]
voortdurend (bw)	անընդհատ	[anəndhát]
voortdurend	անընդմեջ	[anəndmédʒ]
tijdelijk (bn)	ժամանակավոր	[ʒamanakavór]

soms (bw)	երբեմն	[erbémn]
zelden (bw)	հազվադեպ	[hazvadép]
vaak (bw)	հաճախ	[hačáχ]

21. Lijnen en vormen

vierkant (het)	քառակուսի	[khárakusí]
vierkant (bn)	քառակուսի	[khárakusí]

cirkel (de)	շրջան	[šrdʒan]
rond (bn)	կլոր	[klor]
driehoek (de)	եռանկյունի	[erankjuní]
driehoekig (bn)	եռանկյունաձև	[erankjunadzév]

ovaal (het)	օվալ	[ovál]
ovaal (bn)	օվալաձև	[ovaladzév]
rechthoek (de)	ուղղանկյուն	[uġġankjún]
rechthoekig (bn)	ուղղանկյունաձև	[uġġankjúnadzév]

piramide (de)	բուրգ	[burg]
ruit (de)	շեղանկյուն	[šeġankjún]
trapezium (het)	սեղանակերպ	[seġanakérp]
kubus (de)	խորանարդ	[xoranárd]
prisma (het)	հատվածակողմ	[hatvatsakógm]

omtrek (de)	շրջագիծ	[šrdʒagíts]
bol, sfeer (de)	գունդ	[gund]
bal (de)	գունդ	[gund]
diameter (de)	տրամագիծ	[tramagíts]
straal (de)	շառավիղ	[šaravíg]
omtrek (~ van een cirkel)	պարագիծ	[paragíts]
middelpunt (het)	կենտրոն	[kentrón]

horizontaal (bn)	հորիզոնական	[horizonakán]
verticaal (bn)	ուղղաձիգ	[uġġagíts]
parallel (de)	զուգահեռ	[zugahér]
parallel (bn)	զուգահեռ	[zugahér]

lijn (de)	գիծ	[gits]
streep (de)	գիծ	[gits]
rechte lijn (de)	ուղիղ	[uġíġ]
kromme (de)	կոր	[kor]
dun (bn)	բարակ	[barák]
omlijning (de)	ուրվագիծ	[urvagíts]

snijpunt (het)	հատում	[hatúm]
rechte hoek (de)	ուղիղ անկյուն	[uġíġ ankjún]
segment (het)	հատված	[hatváts]
sector (de)	հատված	[hatváts]
zijde (de)	կողմ	[koġm]
hoek (de)	անկյուն	[ankjún]

22. Meeteenheden

gewicht (het)	քաշ	[kʰaš]
lengte (de)	երկարություն	[erkarutʰjún]
breedte (de)	լայնություն	[lajnutʰjún]
hoogte (de)	բարձրություն	[bardzrutʰjún]
diepte (de)	խորություն	[xorutʰjún]
volume (het)	ծավալ	[tsavál]
oppervlakte (de)	մակերես	[makerés]
gram (het)	գրամ	[gram]
milligram (het)	միլիգրամ	[miligrám]

kilogram (het)	կիլոգրամ	[kilográm]
ton (duizend kilo)	տոննա	[tónna]
pond (het)	ֆունտ	[funt]
ons (het)	ունցիա	[únts^hia]

meter (de)	մետր	[metr]
millimeter (de)	միլիմետր	[milimétr]
centimeter (de)	սանտիմետր	[santimétr]
kilometer (de)	կիլոմետր	[kilométr]
mijl (de)	մղոն	[mġon]

duim (de)	դյույմ	[djujm]
voet (de)	ֆուտ	[fut^h]
yard (de)	յարդ	[jard]

vierkante meter (de)	քառակուսի մետր	[k^harakusí métr]
hectare (de)	հեկտար	[hektár]

liter (de)	լիտր	[litr]
graad (de)	աստիճան	[astičán]
volt (de)	վոլտ	[volt]
ampère (de)	ամպեր	[ampér]
paardenkracht (de)	ձիաուժ	[dziaúʒ]

hoeveelheid (de)	քանակ	[k^hanák]
een beetje ...	մի փոքր ...	[mi p^hok^hr ...]
helft (de)	կես	[kes]
dozijn (het)	դյուժին	[djuʒín]
stuk (het)	հատ	[hat]

afmeting (de)	չափս	[čap^hs]
schaal (bijv. ~ van 1 op 50)	մասշտաբ	[masštáb]

minimaal (bn)	նվազագույն	[nvazagújn]
minste (bn)	փոքրագույն	[p^hok^hragújn]
medium (bn)	միջին	[midʒín]
maximaal (bn)	առավելագույն	[aravelagújn]
grootste (bn)	մեծագույն	[metsagújn]

23. Containers

glazen pot (de)	բանկա	[banká]
blik (conserven~)	տարա	[tará]
emmer (de)	դույլ	[dujl]
ton (bijv. regenton)	տակառ	[takár]

ronde waterbak (de)	թաս	[t^has]
tank (bijv. watertank-70-ltr)	բակ	[bak^h]
heupfles (de)	տափաշկաշիշ	[tap^hakašíš]
jerrycan (de)	թիթեղ	[t^hit^hég]
tank (bijv. ketelwagen)	ցիստեռն	[ts^histérn]

beker (de)	գավաթ	[gavát^h]
kopje (het)	բաժակ	[baʒák]

schoteltje (het)	պնակ	[pnak]
glas (het)	բաժակ	[baʒák]
wijnglas (het)	գավաթ	[gavátʰ]
pan (de)	կաթսա	[katʰsá]

| fles (de) | շիշ | [šiš] |
| flessenhals (de) | բերան | [berán] |

karaf (de)	գրաֆին	[grafín]
kruik (de)	սափոր	[sapʰór]
vat (het)	անոթ	[anótʰ]
pot (de)	կճուճ	[kčuč]
vaas (de)	վազա	[váza]

flacon (de)	սրվակ	[srvak]
flesje (het)	սրվակիկ	[srvakík]
tube (bijv. ~ tandpasta)	պարկուճ	[parkúč]

zak (bijv. ~ aardappelen)	պարկ	[park]
tasje (het)	տոպրակ	[toprák]
pakje (~ sigaretten, enz.)	տուփ	[tupʰ]

doos (de)	տուփ	[tupʰ]
kist (de)	դարակ	[darák]
mand (de)	զամբյուղ	[zambjúġ]

24. Materialen

materiaal (het)	նյութ	[njutʰ]
hout (het)	փայտ	[pʰajt]
houten (bn)	փայտյա	[pʰajtjá]

| glas (het) | ապակի | [apakí] |
| glazen (bn) | ապակյա | [apakjá] |

| steen (de) | քար | [kʰar] |
| stenen (bn) | քարե | [kʰaré] |

| plastic (het) | պլաստիկ | [plastík] |
| plastic (bn) | պլաստմասե | [plastmasé] |

| rubber (het) | ռետին | [retín] |
| rubber-, rubberen (bn) | ռետինե | [retiné] |

| stof (de) | գործվածք | [gortsvátskʰ] |
| van stof (bn) | գործվածքից | [gortsvatskʰítsʰ] |

| papier (het) | թուղթ | [tʰuġtʰ] |
| papieren (bn) | թղթե | [tʰġtʰe] |

karton (het)	ստվարաթուղթ	[stvaratʰúġtʰ]
kartonnen (bn)	ստվարաթղթե	[stvaratʰġtʰé]
polyethyleen (het)	պոլիէթիլեն	[poliētʰilén]
cellofaan (het)	ցելոֆան	[tsʰelofán]

multiplex (het)	փաներա	[fanéra]
porselein (het)	ճենապակի	[čenapakí]
porseleinen (bn)	ճենապակե	[čenapaké]
klei (de)	կավ	[kav]
klei-, van klei (bn)	կավե	[kavé]
keramiek (de)	կերամիկա	[kerámika]
keramieken (bn)	կերամիկական	[keramikakán]

25. Metalen

metaal (het)	մետաղ	[metáǵ]
metalen (bn)	մետաղյա	[metaǵjá]
legering (de)	ձուլվածք	[dzulvátskʰ]

goud (het)	ոսկի	[voskí]
gouden (bn)	ոսկյա	[voskjá]
zilver (het)	արծաթ	[artsátʰ]
zilveren (bn)	արծաթյա	[artsatʰjá]

ijzer (het)	երկաթ	[erkátʰ]
ijzeren	երկաթյա	[erkatʰjá]
staal (het)	պողպատ	[poǵpát]
stalen (bn)	պողպատյա	[poǵpatjá]
koper (het)	պղինձ	[pǵindz]
koperen (bn)	պղնձե	[pǵndze]

aluminium (het)	ալյումին	[aljumín]
aluminium (bn)	ալյումինե	[aljuminé]
brons (het)	բրոնզ	[bronz]
brönzen (bn)	բրոնզե	[bronzé]

messing (het)	արույր	[arújr]
nikkel (het)	նիկել	[nikél]
platina (het)	պլատին	[platín]
kwik (het)	սնդիկ	[sndik]
tin (het)	անագ	[anág]
lood (het)	կապար	[kapár]
zink (het)	ցինկ	[tsʰink]

MENS

Mens. Het lichaam

26. Mensen. Basisbegrippen

mens (de)	մարդ	[mard]
man (de)	տղամարդ	[tġamárd]
vrouw (de)	կին	[kin]
kind (het)	երեխա	[ereχá]
meisje (het)	աղջիկ	[aġdʒík]
jongen (de)	տղա	[tġa]
tiener, adolescent (de)	դեռահաս	[derahás]
oude man (de)	ծերունի	[tseruní]
oude vrouw (de)	պառավ	[paráv]

27. Menselijke anatomie

organisme (het)	օրգանիզմ	[organízm]
hart (het)	սիրտ	[sirt]
bloed (het)	արյուն	[arjún]
slagader (de)	զարկերակ	[zarkerák]
ader (de)	երակ	[erák]
hersenen (mv.)	ուղեղ	[uġéġ]
zenuw (de)	ներվ	[nerv]
zenuwen (mv.)	ներվեր	[nervér]
wervel (de)	ող	[voġ]
ruggengraat (de)	ողնաշար	[voġnašár]
maag (de)	ստամոքս	[stamókʰs]
darmen (mv.)	աղիքներ	[aġikʰnér]
darm (de)	աղիք	[aġíkʰ]
lever (de)	լյարդ	[ljard]
nier (de)	երիկամ	[erikám]
been (deel van het skelet)	ոսկոր	[voskór]
skelet (het)	կմախք	[kmaχkʰ]
rib (de)	կողոսկր	[koġóskr]
schedel (de)	գանգ	[gang]
spier (de)	մկան	[mkan]
biceps (de)	բիցեպս	[bítsʰeps]
triceps (de)	տրիցեպս	[trítsʰeps]
pees (de)	ջիլ	[dʒil]
gewricht (het)	հոդ	[hod]

longen (mv.)	թոքեր	[tʰokʰér]
geslachtsorganen (mv.)	սեռական օրգաններ	[serakán organnér]
huid (de)	մաշկ	[mašk]

28. Hoofd

hoofd (het)	գլուխ	[gluχ]
gezicht (het)	երես	[erés]
neus (de)	քիթ	[kʰitʰ]
mond (de)	բերան	[berán]

oog (het)	աչք	[ačkʰ]
ogen (mv.)	աչքեր	[ačkʰér]
pupil (de)	բիբ	[bib]
wenkbrauw (de)	ունք	[unkʰ]
wimper (de)	թարթիչ	[tʰartʰíč]
ooglid (het)	կոպ	[kap]

tong (de)	լեզու	[lezú]
tand (de)	ատամ	[atám]
lippen (mv.)	շրթունքներ	[šrtʰunkʰnér]
jukbeenderen (mv.)	այտոսկրեր	[ajtoskrér]
tandvlees (het)	լինդ	[lind]
gehemelte (het)	քիմք	[kimkʰ]

neusgaten (mv.)	քթածակեր	[kʰtʰatsakér]
kin (de)	կզակ	[kzak]
kaak (de)	ծնոտ	[tsnot]
wang (de)	այտ	[ajt]

voorhoofd (het)	ճակատ	[čakát]
slaap (de)	քունպակ	[kʰnerák]
oor (het)	ականջ	[akándʒ]
achterhoofd (het)	ծոծրակ	[tsotsrák]
hals (de)	պարանոց	[paranótsʰ]
keel (de)	կոկորդ	[kokórd]

haren (mv.)	մազեր	[mazér]
kapsel (het)	սանրվածք	[sanrvátskʰ]
haarsnit (de)	սանրվածք	[sanrvátskʰ]
pruik (de)	կեղծամ	[keǵtsám]

snor (de)	բեղեր	[beǵér]
baard (de)	մորուք	[morúkʰ]
dragen (een baard, enz.)	կրել	[krel]
vlecht (de)	հյուս	[hjus]
bakkebaarden (mv.)	այտամորուք	[ajtamorúkʰ]

ros (roodachtig, rossig)	շիկահեր	[šikahér]
grijs (~ haar)	ալեհեր	[alehér]
kaal (bn)	ճաղատ	[čaǵát]
kale plek (de)	ճաղատ	[čaǵát]
paardenstaart (de)	պոչ	[poč]
pony (de)	մազափունջ	[mazapʰúndʒ]

35

29. Menselijk lichaam

hand (de)	ղատունակ	[dasták]
arm (de)	թև	[tʰev]

vinger (de)	մատ	[mat]
duim (de)	բութ մատ	[butʰ mát]
pink (de)	ճկույթ	[čkujtʰ]
nagel (de)	եղունգ	[eġúng]

vuist (de)	բռունցք	[bruntsʰkʰ]
handpalm (de)	ափ	[apʰ]
pols (de)	ղատունակ	[dasták]
voorarm (de)	նախաբազուկ	[naχabazúk]
elleboog (de)	արմունկ	[armúnk]
schouder (de)	ուս	[us]

been (rechter ~)	ոտք	[votkʰ]
voet (de)	ոտնաթաթ	[votnatʰátʰ]
knie (de)	ծունկ	[tsunk]
kuit (de)	սրունք	[srunkʰ]
heup (de)	ազդր	[azdr]
hiel (de)	կրունկ	[krunk]

lichaam (het)	մարմին	[marmín]
buik (de)	փոր	[pʰor]
borst (de)	կրծքավանդակ	[krtskʰavandák]
borst (de)	կուրծք	[kurtskʰ]
zijde (de)	կող	[koġ]
rug (de)	մեջք	[medʒkʰ]
lage rug (de)	գոտկատեղ	[gotkatéġ]
taille (de)	գոտկատեղ	[gotkatéġ]

navel (de)	պորտ	[port]
billen (mv.)	նստատեղ	[nstatéġ]
achterwerk (het)	հետույք	[hetújkʰ]

huidvlek (de)	խալ	[χal]
tatoeage (de)	դաջվածք	[dadʒvátskʰ]
litteken (het)	սպի	[spi]

Kleding en accessoires

30. Bovenkleding. Jassen

kleren (mv.)	հագուստ	[hagúst]
bovenkleding (de)	վերնազգեստ	[vernazgést]
winterkleding (de)	ձմեռային հագուստ	[dzmerajín hagúst]
jas (de)	վերարկու	[verarkú]
bontjas (de)	մուշտակ	[mušták]
bontjasje (het)	կիսամուշտակ	[kisamušták]
donzen jas (de)	բմբուլե բաճկոն	[bmbulé bačkón]
jasje (bijv. een leren ~)	բաճկոն	[bačkón]
regenjas (de)	թիկնոց	[tʰiknótsʰ]
waterdicht (bn)	անջրանցիկ	[andʒrantsʰík]

31. Heren & dames kleding

overhemd (het)	վերնաշապիկ	[vernašapík]
broek (de)	տաբատ	[tabát]
jeans (de)	ջինսեր	[dʒinsér]
colbert (de)	պիջակ	[pidʒák]
kostuum (het)	կոստյում	[kostjúm]
jurk (de)	զգեստ	[zgest]
rok (de)	շրջազգեստ	[šrdʒazgést]
blouse (de)	բլուզ	[bluz]
wollen vest (de)	կոֆտա	[koftá]
blazer (kort jasje)	ժակետ	[ʒakét]
T-shirt (het)	մարզաշապիկ	[marzašapík]
shorts (mv.)	կարճ տաբատ	[karč tabát]
trainingspak (het)	մարզազգեստ	[marzazgést]
badjas (de)	խալաթ	[xalátʰ]
pyjama (de)	նեղզազգեստ	[nndʒazgést]
sweater (de)	սվիտեր	[svitér]
pullover (de)	պուլովեր	[pulóver]
gilet (het)	բաճկոնակ	[bačkonák]
rokkostuum (het)	ֆրակ	[frak]
smoking (de)	սմոկինգ	[smóking]
uniform (het)	համազգեստ	[hamazgést]
werkkleding (de)	աշխատանքային համազգեստ	[ašxatankʰajín hamazgést]
overall (de)	կոմբինեզոն	[kombinezón]
doktersjas (de)	խալաթ	[xalátʰ]

37

32. Kleding. Ondergoed

ondergoed (het)	ներբնազգեստ	[nerkʰnazgést]
onderhemd (het)	ներբնաշապիկ	[nerkʰnašapík]
sokken (mv.)	կիսագուլպա	[kisagulpá]

nachthemd (het)	գիշերանոց	[gišeranótsʰ]
beha (de)	կրծկալ	[krtskʰákal]
kniekousen (mv.)	կարճ գուլպաներ	[karč gulpanér]
panty (de)	զուգագուլպա	[zugagulpá]
nylonkousen (mv.)	գուլպաներ	[gulpanér]
badpak (het)	լողազգեստ	[loǧazgést]

33. Hoofddeksels

hoed (de)	գլխարկ	[glχark]
deukhoed (de)	էզրավոր գլխարկ	[ezravór glχárk]
honkbalpet (de)	մարզագլխարկ	[marzaglχárk]
kleppet (de)	կեպի	[képi]

baret (de)	բերետ	[berét]
kap (de)	գլխանոց	[glχanótsʰ]
panamahoed (de)	պանամա	[panáma]
gebreide muts (de)	գործած գլխարկ	[gortsáts glχárk]

hoofddoek (de)	գլխաշոր	[glχašór]
dameshoed (de)	գլխարկիկ	[glχarkík]

veiligheidshelm (de)	սաղավարտ	[saǧavárt]
veldmuts (de)	պիլոտկա	[pilótka]
helm, valhelm (de)	սաղավարտ	[saǧavárt]

bolhoed (de)	կոտելոկ	[kotelók]
hoge hoed (de)	գլանագլխարկ	[glanaglχárk]

34. Schoeisel

schoeisel (het)	կոշիկ	[košík]
schoenen (mv.)	ճտքավոր կոշիկներ	[čtkʰavór košiknér]
vrouwenschoenen (mv.)	կոշիկներ	[košiknér]
laarzen (mv.)	երկարաճիտ կոշիկներ	[erkaračít košiknér]
pantoffels (mv.)	հողաթափեր	[hoǧatʰapʰér]

sportschoenen (mv.)	բոթասներ	[botʰasnér]
sneakers (mv.)	մարզական կոշիկներ	[marzakán košiknér]
sandalen (mv.)	սանդալներ	[sandalnér]

schoenlapper (de)	կոշկակար	[koškakár]
hiel (de)	կրունկ	[krunk]
paar (een ~ schoenen)	զույգ	[zujg]
veter (de)	կոշկակապ	[koškakáp]

rijgen (schoenen ~)	կոշկակապել	[koškakapél]
schoenlepel (de)	թիակ	[tʰiak]
schoensmeer (de/het)	կոշիկի քսուք	[košikí ksúkʰ]

35. Textiel. Weefsel

katoen (de/het)	բամբակ	[bambák]
katoenen (bn)	բամբակից	[bambakítsʰ]
vlas (het)	կտավատ	[ktavát]
vlas-, van vlas (bn)	կտավատից	[ktavatítsʰ]

zijde (de)	մետաքս	[metákʰs]
zijden (bn)	մետաքսյա	[metakʰsjá]
wol (de)	բուրդ	[burd]
wollen (bn)	բրդյա	[brdja]

fluweel (het)	թավիշ	[tʰavíš]
suède (de)	թավշակաշի	[tʰavšakaší]
ribfluweel (het)	վելվետ	[velvét]

nylon (de/het)	նեյլոն	[nejlón]
nylon-, van nylon (bn)	նեյլոնից	[nejlonítsʰ]
polyester (het)	պոլիեստեր	[poliēstér]
polyester- (abn)	պոլիեստերից	[poliēsterítsʰ]

leer (het)	կաշի	[kaší]
leren (van leer gemaak)	կաշվից	[kašvítsʰ]
bont (het)	մորթի	[mortʰí]
bont (abn)	մորթյա	[mortʰjá]

36. Persoonlijke accessoires

handschoenen (mv.)	ձեռնոցներ	[dzernotsʰnér]
wanten (mv.)	ձեռնոց	[dzernótsʰ]
sjaal (fleece ~)	շարֆ	[šarf]

bril (de)	ակնոց	[aknótsʰ]
brilmontuur (het)	շրջանակ	[šrdʒanák]
paraplu (de)	հովանոց	[hovanótsʰ]
wandelstok (de)	ձեռնափայտ	[dzernapʰájt]
haarborstel (de)	մազերի խոզանակ	[mazerí χozanák]
waaier (de)	հովհար	[hovhár]

das (de)	փողկապ	[pʰoğkáp]
strikje (het)	փողկապ-թիթեռնիկ	[pʰoğkáp tʰitʰerník]
bretels (mv.)	տաբատակալ	[tabatakál]
zakdoek (de)	թաշկինակ	[tʰaškinák]

kam (de)	սանր	[sanr]
haarspeldje (het)	մազակալ	[mazakál]
schuifspeldje (het)	ծամակալ	[tsamakál]
gesp (de)	ճարմանդ	[čarmánd]

| broekriem (de) | գոտի | [gotí] |
| draagriem (de) | փոկ | [pʰok] |

handtas (de)	պայուսակ	[pajusák]
damestas (de)	կանացի պայուսակ	[kanatsʰí pajusák]
rugzak (de)	ուղեպարկ	[uġepárk]

37. Kleding. Diversen

mode (de)	նորաձևություն	[noradzevutʰjún]
de mode (bn)	նորաձև	[noradzév]
kledingstilist (de)	մոդելեր	[modelér]

kraag (de)	օձիք	[odzíkʰ]
zak (de)	գրպան	[grpan]
zak- (abn)	գրպանի	[grpaní]
mouw (de)	թեվ	[tʰevkʰ]
lusje (het)	կախիչ	[kaχíč]
gulp (de)	լայնույթ	[lajnújtʰ]

rits (de)	կայծակաճարմանդ	[kajtsaka čarmánd]
sluiting (de)	ճարմանդ	[čarmánd]
knoop (de)	կոճակ	[kočák]
knoopsgat (het)	հանգույց	[hangújtsʰ]
losraken (bijv. knopen)	պոկվել	[pokvél]

naaien (kleren, enz.)	կարել	[karél]
borduren (ww)	ասեղնագործել	[aseġnagortsél]
borduursel (het)	ասեղնագործություն	[aseġnagortsutʰjún]
naald (de)	ասեղ	[aséġ]
draad (de)	թել	[tʰel]
naad (de)	կար	[kar]

vies worden (ww)	կեղտոտվել	[keġtotvél]
vlek (de)	բիծ	[bits]
gekreukt raken (ov. kleren)	ճմրթվել	[čmrtʰel]
scheuren (ov.ww.)	ճղվել	[čġvel]
mot (de)	ցեց	[tsʰetsʰ]

38. Persoonlijke verzorging. Schoonheidsmiddelen

tandpasta (de)	ատամի մածուկ	[atamí matsúk]
tandenborstel (de)	ատամի խոզանակ	[atamí χozanák]
tanden poetsen (ww)	ատամները մաքրել	[atamnérə makʰrél]

scheermes (het)	ածելի	[atselí]
scheerschuim (het)	սափրվելու կրեմ	[sapʰrvelú krem]
zich scheren (ww)	սափրվել	[sapʰrvél]

zeep (de)	օճառ	[očár]
shampoo (de)	շամպուն	[šampún]
schaar (de)	մկրատ	[mkrat]

nagelvijl (de)	խարտող	[xartóts^h]
nagelknipper (de)	ունելիք	[unelík^h]
pincet (het)	ունելի	[unelí]

cosmetica (mv.)	կոսմետիկա	[kosmétika]
masker (het)	դիմակ	[dimák]
manicure (de)	մանիկյուր	[manikjúr]
manicure doen	մատնահարդարում	[matnahardarúm]
pedicure (de)	պեդիկյուր	[pedikjúr]

cosmetica tasje (het)	կոսմետիկայի պայուսակ	[kosmetikají pajusák]
poeder (de/het)	դիմափոշի	[dimap^{h}oší]
poederdoos (de)	դիմափոշու աման	[dimap^{h}ošú amán]
rouge (de)	կարմրաներկ	[karmranérk]

parfum (de/het)	օծանելիք	[otsanelík^h]
eau de toilet (de)	անուշահոտ ջուր	[anušahót dʒur]
lotion (de)	լոսյոն	[losjón]
eau de cologne (de)	օդեկոլոն	[odekolón]

oogschaduw (de)	կոպերի ներկ	[koperí nérk]
oogpotlood (het)	աչքի մատիտ	[ačk^{h}í matít]
mascara (de)	տուշ	[tuš]

lippenstift (de)	շրթներկ	[šrt^{h}nerk]
nagellak (de)	եղունգների լաք	[eǧungnerí lák^h]
haarlak (de)	մազերի լաք	[mazerí lak^h]
deodorant (de)	դեզոդորանտ	[dezodoránt]

crème (de)	կրեմ	[krem]
goziohtooròmc (dc)	դեմքի կրեմ	[demk^{h}í krem]
handcrème (de)	ձեռքի կրեմ	[dzerk^{h}í krem]
antirimpelcrème (de)	կնճիռների դեմ կրեմ	[knčirnerí dém krém]
dag- (abn)	ցերեկային	[ts^{h}erekajín]
nacht- (abn)	գիշերային	[gišerajín]

tampon (de)	տամպոն	[tampón]
toiletpapier (het)	զուգարանի թուղթ	[zugaraní t^{h}úǧt^h]
föhn (de)	ֆեն	[fen]

39. Juwelen

sieraden (mv.)	ոսկերչական զարդեր	[voskerčakán zardér]
edel (bijv. ~ stenen)	թանկարժեք	[t^{h}ankarʒék^h]
keurmerk (het)	հարգ	[harg]

ring (de)	մատանի	[mataní]
trouwring (de)	նշանի մատանի	[nšaní mataní]
armband (de)	ապարանջան	[aparandʒán]

oorringen (mv.)	ականջoղեր	[akandʒoǧér]
halssnoer (het)	մանյակ	[manják]
kroon (de)	թագ	[t^{h}ag]
kralen snoer (het)	ուլունքներ	[ulunk^{h}nér]

41

diamant (de)	ադամանդ	[adamánd]
smaragd (de)	զմրուխտ	[zmruχt]
robijn (de)	սուտակ	[suták]
saffier (de)	շափյուղա	[šapʰjuġá]
parel (de)	մարգարիտ	[margarít]
barnsteen (de)	սաթ	[satʰ]

40. Horloges. Klokken

polshorloge (het)	ձեռքի ժամացույց	[dzerkʰí ʒamatsʰújtsʰ]
wijzerplaat (de)	թվահարթակ	[tʰvahartʰák]
wijzer (de)	սլաք	[slakʰ]
metalen horlogeband (de)	շղթա	[šġtʰa]
horlogebandje (het)	փոկ	[pʰok]

batterij (de)	մարտկոց	[martkótsʰ]
leeg zijn (ww)	նստել	[nstel]
batterij vervangen	մարտկոցը փոխել	[martkótsʰə pʰoχél]
voorlopen (ww)	առաջ ընկնել	[arádʒ ənknél]
achterlopen (ww)	ետ ընկնել	[et ənknél]

wandklok (de)	պատի ժամացույց	[patí ʒamatsʰújtsʰ]
zandloper (de)	ավազի ժամացույց	[avazí ʒamatsʰújtsʰ]
zonnewijzer (de)	արևի ժամացույց	[areví ʒamatsʰújtsʰ]
wekker (de)	զարթուցիչ	[zartʰutsʰíč]
horlogemaker (de)	ժամագործ	[ʒamagórts]
repareren (ww)	նորոգել	[norogél]

Voedsel. Voeding

41. Voedsel

vlees (het)	միս	[mis]
kip (de)	հավ	[hav]
kuiken (het)	ճուտ	[ĉut]
eend (de)	բադ	[bad]
gans (de)	սագ	[sag]
wild (het)	որսամիս	[vorsamís]
kalkoen (de)	հնդկահավ	[hndkaháv]
varkensvlees (het)	խոզի միս	[χozí mis]
kalfsvlees (het)	հորթի միս	[hortʰí mís]
schapenvlees (het)	ոչխարի միս	[voĉχarí mis]
rundvlees (het)	տավարի միս	[tavarí mis]
konijnenvlees (het)	ճագար	[ĉagár]
worst (de)	երշիկ	[eršík]
saucijs (de)	նրբերշիկ	[nrberšík]
spek (het)	բեկն	[bekón]
ham (de)	խոզապուխտ	[χozapúχt]
gerookte achterham (de)	ազդր	[azdr]
palé (de)	պաշտել	[paštél]
lever (de)	լյարդ	[ljard]
gehakt (het)	աղացած միս	[aġatsʰáts mis]
tong (de)	լեզու	[lezú]
ei (het)	ձու	[dzu]
eieren (mv.)	ձվեր	[dzver]
eiwit (het)	սպիտակուց	[spitakútsʰ]
eigeel (het)	դեղնուց	[deġnútsʰ]
vis (de)	ձուկ	[dzuk]
zeevruchten (mv.)	ծովամթերքներ	[tsovamtʰerkʰnér]
kaviaar (de)	ձկնկիթ	[dzknkitʰ]
krab (de)	ծովախեցգետին	[tsovaχetsʰgetín]
garnaal (de)	մանր ծovախեցգետին	[mánr tsovaχetsʰgetín]
oester (de)	ոստրե	[vostré]
langoest (de)	լանգուստ	[langúst]
octopus (de)	ութոտնուկ	[utʰotnúk]
inktvis (de)	կաղամար	[kaġamár]
steur (de)	թառափ	[tʰarápʰ]
zalm (de)	սաղմն	[saġmán]
heilbot (de)	վահանաձուկ	[vahanadzúk]
kabeljauw (de)	ձողաձուկ	[dzoġadzúk]
makreel (de)	թյունիկ	[tʰjuník]

| tonijn (de) | թյունենու | [tʰjunnós] |
| paling (de) | օձաձուկ | [odzadzúk] |

forel (de)	իշխան	[išχán]
sardine (de)	սարդինա	[sardína]
snoek (de)	գայլաձուկ	[gajladzúk]
haring (de)	ծովատառեխ	[tsovataréχ]

brood (het)	հաց	[hatsʰ]
kaas (de)	պանիր	[panír]
suiker (de)	շաքար	[šakʰár]
zout (het)	աղ	[aǵ]

rijst (de)	բրինձ	[brindz]
pasta (de)	մակարոն	[makarón]
noedels (mv.)	լապշա	[lapʰšá]

boter (de)	սերուցքային կարագ	[serutsʰkʰajín karág]
plantaardige olie (de)	բուսական յուղ	[busakán júǵ]
zonnebloemolie (de)	արևածաղկի ձեթ	[arevatsaǵkí dzetʰ]
margarine (de)	մարգարին	[margarín]

| olijven (mv.) | ձիթապտուղ | [zeytún] |
| olijfolie (de) | ձիթապտղի ձեթ | [dzitʰaptǵí dzetʰ] |

melk (de)	կաթ	[katʰ]
gecondenseerde melk (de)	խտացրած կաթ	[χtatsʰráts kátʰ]
yoghurt (de)	յոգուրտ	[jogúrt]
zure room (de)	թթվասեր	[tʰtʰvasér]
room (de)	սերուցք	[serútsʰkʰ]

| mayonaise (de) | մայոնեզ | [majonéz] |
| crème (de) | կրեմ | [krem] |

graan (het)	ձավար	[dzavár]
meel (het), bloem (de)	ալյուր	[aljúr]
conserven (mv.)	պահածոներ	[pahatsonér]

maïsvlokken (mv.)	եգիպտացորենի փաթիլներ	[egiptatsʰorení pʰatʰilnér]
honing (de)	մեղր	[meǵr]
jam (de)	ջեմ	[dʒem]
kauwgom (de)	մաստակ	[masták]

42. Drankjes

water (het)	ջուր	[dʒur]
drinkwater (het)	խմելու ջուր	[χmelú dʒur]
mineraalwater (het)	հանքային ջուր	[hankʰajín dʒúr]

zonder gas	առանց գազի	[aránsʰ gazí]
koolzuurhoudend (bn)	գազավորված	[gazavorváts]
bruisend (bn)	գազով	[gazóv]
ijs (het)	սառույց	[sarújtsʰ]
met ijs	սառույցով	[sarutsʰóv]

alcohol vrij (bn)	ոչ ալկոհոլային	[voč alkoholajín]
alcohol vrije drank (de)	ոչ ալկոհոլային ըմպելիք	[voč alkoholajín əmpelíkʰ]
frisdrank (de)	զովացուցիչ ըմպելիք	[zovatsʰutsʰíč əmpelíkʰ]
limonade (de)	լիմոնադ	[limonád]

alcoholische dranken (mv.)	ալկոհոլային խմիչքներ	[alkoholajín χmičkʰnér]
wijn (de)	գինի	[giní]
witte wijn (de)	սպիտակ գինի	[spiták giní]
rode wijn (de)	կարմիր գինի	[karmír giní]

likeur (de)	լիկյոր	[likjor]
champagne (de)	շամպայն	[šampájn]
vermout (de)	վերմուտ	[vérmut]

whisky (de)	վիսկի	[víski]
wodka (de)	օղի	[oǵí]
gin (de)	ջին	[dʒin]
cognac (de)	կոնյակ	[konják]
rum (de)	ռում	[rom]

koffie (de)	սուրճ	[surč]
zwarte koffie (de)	սև սուրճ	[sev surč]
koffie (de) met melk	կաթով սուրճ	[katʰóv súrč]
cappuccino (de)	սերուցքով սուրճ	[serutsʰkʰóv surč]
oploskoffie (de)	լուծվող սուրճ	[lutsvóǵ súrč]

melk (de)	կաթ	[katʰ]
cocktail (de)	կոկտեյլ	[koktéjl]
milkshake (de)	կաթնային կոկտեյլ	[katʰnajín koktéjl]

sap (het)	հյութ	[hjutʰ]
tomatensap (het)	տոմատի հյութ	[tomatí hjútʰ]
sinaasappelsap (het)	նարնջի հյութ	[narndʒí hjutʰ]
vers geperst sap (het)	թարմ քամված հյութ	[tʰarm kʰamváts hjutʰ]

bier (het)	գարեջուր	[garedʒúr]
licht bier (het)	բաց գարեջուր	[batsʰ garedʒúr]
donker bier (het)	մուգ գարեջուր	[múg garedʒúr]

thee (de)	թեյ	[tʰej]
zwarte thee (de)	սև թեյ	[sev tʰej]
groene thee (de)	կանաչ թեյ	[kanáč tʰej]

43. Groenten

| groenten (mv.) | բանջարեղեն | [bandʒareǵén] |
| verse kruiden (mv.) | կանաչի | [kanačí] |

tomaat (de)	լոլիկ	[lolík]
augurk (de)	վարունգ	[varúng]
wortel (de)	գազար	[gazár]
aardappel (de)	կարտոֆիլ	[kartofíl]
ui (de)	սոխ	[soχ]
knoflook (de)	սխտոր	[sχtor]

45

kool (de)	կաղամբ	[kaġámb]
bloemkool (de)	ծաղկակաղամբ	[tsaġkakaġámb]
spruitkool (de)	բրյուսելյան կաղամբ	[brjuselján kaġámb]
broccoli (de)	կաղամբ բրոկոլի	[kaġámb brokóli]

rode biet (de)	բազուկ	[bazúk]
aubergine (de)	սմբուկ	[smbuk]
courgette (de)	դդմիկ	[ddmik]
pompoen (de)	դդում	[ddum]
raap (de)	շաղգամ	[šaġgám]

peterselie (de)	մաղադանոս	[maġadanós]
dille (de)	սամիթ	[samítʰ]
sla (de)	սալաթ	[salátʰ]
selderij (de)	նեխուր	[neχúr]
asperge (de)	ծնեբեկ	[tsnebék]
spinazie (de)	սպինատ	[spinát]

erwt (de)	սիսեռ	[sisér]
bonen (mv.)	լոբի	[lobí]
maïs (de)	եգիպտացորեն	[egiptatsʰorén]
nierboon (de)	լոբի	[lobí]

peper (de)	պղպեղ	[pġpeġ]
radijs (de)	բողկ	[boġk]
artisjok (de)	արտիճուկ	[artičúk]

44. Vruchten. Noten

vrucht (de)	միրգ	[mirg]
appel (de)	խնձոր	[χndzor]
peer (de)	տանձ	[tandz]
citroen (de)	կիտրոն	[kitrón]
sinaasappel (de)	նարինջ	[naríndʒ]
aardbei (de)	ելակ	[elák]

mandarijn (de)	մանդարին	[mandarín]
pruim (de)	սալոր	[salór]
perzik (de)	դեղձ	[deġdz]
abrikoos (de)	ծիրան	[tsirán]
framboos (de)	մորի	[morí]
ananas (de)	արքայախնձոր	[arkʰajaχndzór]

banaan (de)	բանան	[banán]
watermeloen (de)	ձմերուկ	[dzmerúk]
druif (de)	խաղող	[χaġóġ]
zure kers (de)	բալ	[bal]
zoete kers (de)	կեռաս	[kerás]
meloen (de)	սեխ	[seχ]

grapefruit (de)	գրեյպֆրուտ	[grejpfrút]
avocado (de)	ավոկադո	[avokádo]
papaja (de)	պապայա	[papája]
mango (de)	մանգո	[mángo]

granaatappel (de)	նուռ	[nur]
rode bes (de)	կարմիր հաղարջ	[karmír haġárdʒ]
zwarte bes (de)	սև հաղարջ	[sév haġárdʒ]
kruisbes (de)	հաղարջ	[haġárdʒ]
blauwe bosbes (de)	հապալաս	[hapalás]
braambes (de)	մոշ	[moš]

rozijn (de)	չամիչ	[čamíč]
vijg (de)	թուզ	[tʰuz]
dadel (de)	արմավ	[armáv]

pinda (de)	գետնընկույզ	[getnənkújz]
amandel (de)	նուշ	[nuš]
walnoot (de)	ընկույզ	[ənkújz]
hazelnoot (de)	պնդուկ	[pnduk]
kokosnoot (de)	կոկոսի ընկույզ	[kokósi ənkújz]
pistaches (mv.)	պիստակ	[pisták]

45. Brood. Snoep

suikerbakkerij (de)	հրուշակեղեն	[hrušakeġén]
brood (het)	հաց	[hatsʰ]
koekje (het)	թխվածքաբլիթ	[tʰχvatskʰablítʰ]

chocolade (de)	շոկոլադ	[šokolád]
chocolade- (abn)	շոկոլադե	[šokoladé]
snoepje (het)	կոնֆետ	[konfét]
cakeje (het)	հրուշակ	[hrušák]
taart (bijv. verjaardags~)	տորթ	[tortʰ]

| pastei (de) | կարկանդակ | [karkandák] |
| vulling (de) | լցոն | [ltsʰon] |

confituur (de)	մուրաբա	[murabá]
marmelade (de)	մարմելադ	[marmelád]
wafel (de)	վաֆլի	[vaflí]
ijsje (het)	պաղպաղակ	[paġpaġák]

46. Bereide gerechten

gerecht (het)	ճաշատեսակ	[čašatesák]
keuken (bijv. Franse ~)	խոհանոց	[χohanótsʰ]
recept (het)	բաղադրատոմս	[baġadratóms]
portie (de)	բաժին	[baʒín]

| salade (de) | աղցան | [aġtsʰán] |
| soep (de) | ապուր | [apúr] |

bouillon (de)	մսաջուր	[msadʒúr]
boterham (de)	բրդուճ	[brduč]
spiegelei (het)	ձվածեղ	[dzvatséġ]
hamburger (de)	համբուրգեր	[hambʊrgér]

biefstuk (de)	բիֆշտեքս	[bifštékʰs]
garnering (de)	զարդիր	[garnír]
spaghetti (de)	սպագետի	[spagétti]
aardappelpuree (de)	կարտոֆիլի պյուրե	[kartofilí pjuré]
pizza (de)	պիցցա	[pítsʰa]
pap (de)	շիլա	[šilá]
omelet (de)	ձվածեղ	[dzvatséǵ]

gekookt (in water)	եփած	[epʰáts]
gerookt (bn)	ապխտած	[apχtáts]
gebakken (bn)	տապակած	[tapakáts]
gedroogd (bn)	չորացրած	[čoratsʰráts]
diepvries (bn)	սառեցված	[saretsʰváts]
gemarineerd (bn)	մարինացված	[marinatsʰváts]

zoet (bn)	քաղցր	[kʰaǵtsʰr]
gezouten (bn)	աղի	[aǵí]
koud (bn)	սառը	[sárə]
heet (bn)	տաք	[takʰ]
bitter (bn)	դառը	[dárə]
lekker (bn)	համեղ	[haméǵ]

koken (in kokend water)	եփել	[epʰél]
bereiden (avondmaaltijd ~)	պատրաստել	[patrastél]
bakken (ww)	տապակել	[tapakél]
opwarmen (ww)	տաքացնել	[takʰatsʰnél]

zouten (ww)	աղ անել	[aǵ anél]
peperen (ww)	պղպեղ անել	[pǵpéǵ anél]
raspen (ww)	քերել	[kʰerél]
schil (de)	կլեպ	[klep]
schillen (ww)	կլպել	[klpel]

47. Kruiden

zout (het)	աղ	[aǵ]
gezouten (bn)	աղի	[aǵí]
zouten (ww)	աղ անել	[aǵ anél]

zwarte peper (de)	սև պղպեղ	[sev pǵpéǵ]
rode peper (de)	կարմիր պղպեղ	[karmír pǵpéǵ]
mosterd (de)	մանանեխ	[mananéχ]
mierikswortel (de)	ծովաբողկ	[tsovabóǵk]

condiment (het)	համեմունք	[hamemúnkʰ]
specerij, kruiderij (de)	համեմունք	[hamemúnkʰ]
saus (de)	սոուս	[soús]
azijn (de)	քացախ	[kʰatsʰáχ]

anijs (de)	անիսոն	[anisón]
basilicum (de)	ռեհան	[rehán]
kruidnagel (de)	մեխակ	[meχák]
gember (de)	իմբիր	[imbír]
koriander (de)	գինձ	[gindz]

kaneel (de/het)	դարչին	[darčín]
sesamzaad (het)	քնջութ	[kʰndʒutʰ]
laurierblad (het)	դափնու տերև	[dapʰnú terév]
paprika (de)	պապրիկա	[páprika]
komijn (de)	չաման	[čamán]
saffraan (de)	զաֆրան	[šafrán]

48. Maaltijden

eten (het)	կերակուր	[kerakúr]
eten (ww)	ուտել	[utél]

ontbijt (het)	նախաճաշ	[naχačáš]
ontbijten (ww)	նախաճաշել	[naχačašél]
lunch (de)	ճաշ	[čaš]
lunchen (ww)	ճաշել	[čašél]
avondeten (het)	ընթրիք	[əntʰríkʰ]
souperen (ww)	ընթրել	[əntʰrél]

eetlust (de)	ախորժակ	[aχorʒák]
Eet smakelijk!	Բարի ախորժակ	[barí aχorʒák]

openen (een fles ~)	բացել	[batsʰél]
morsen (koffie, enz.)	թափել	[tʰapʰél]
zijn gemorst	թափվել	[tʰapʰvél]
koken (water kookt bij 100°C)	եռալ	[erál]
koken (Hoe om water te ~)	եռացնել	[eratsʰʰnél]
gekookt (~ water)	եռացրած	[eratsʰʰráts]
afkoelen (koeler maken)	սառեցնել	[saretsʰʰnél]
afkoelen (koeler worden)	սառեցվել	[saretsʰʰvél]

smaak (de)	համ	[ham]
nasmaak (de)	կողմնակի համ	[koǵmnakí ham]

volgen een dieet	նիհարել	[niharél]
dieet (het)	սննդակարգ	[snndakárg]
vitamine (de)	վիտամին	[vitamín]
calorie (de)	կալորիա	[kalória]
vegetariër (de)	բուսակեր	[busakér]
vegetarisch (bn)	բուսակերական	[busakerakán]

vetten (mv.)	ճարպեր	[čarpér]
eiwitten (mv.)	սպիտակուցներ	[spitakutsʰʰnér]
koolhydraten (mv.)	ածխաջրեր	[atsχadʒrér]
snede (de)	պատառ	[patár]
stuk (bijv. een ~ taart)	կտոր	[ktor]
kruimel (de)	փշուր	[pʰšur]

49. Tafelschikking

lepel (de)	գդալ	[gdal]
mes (het)	դանակ	[danák]

49

vork (de)	պատառաքաղ	[patarakʰáǵ]
kopje (het)	բաժակ	[baȝák]
bord (het)	ափսե	[apʰsé]
schoteltje (het)	պնակ	[pnak]
servet (het)	անձեռոցիկ	[andzerotsʰík]
tandenstoker (de)	ատամնափորիչ	[atamnapʰoríč]

50. Restaurant

restaurant (het)	ռեստորան	[restorán]
koffiehuis (het)	սրճարան	[srčarán]
bar (de)	բար	[bar]
tearoom (de)	թեյարան	[tʰejarán]

kelner, ober (de)	մատուցող	[matutsʰóǵ]
serveerster (de)	մատուցողուհի	[matutsʰoǵuhí]
barman (de)	բարմեն	[barmén]

menu (het)	մենյու	[menjú]
wijnkaart (de)	գինիների գրացանկ	[gininerí gratsʰánk]
een tafel reserveren	սեղան պատվիրել	[seǵán patvirél]

gerecht (het)	ուտեստ	[utést]
bestellen (eten ~)	պատվիրել	[patvirél]
een bestelling maken	պատվեր կատարել	[patvér katarél]

aperitief (de/het)	ապերիտիվ	[aperitív]
voorgerecht (het)	խորտիկ	[xortík]
dessert (het)	աղանդեր	[aǵandér]

rekening (de)	հաշիվ	[hašív]
de rekening betalen	հաշիվը փակել	[hašívə pʰakél]
wisselgeld teruggeven	մանրը վերադարձնել	[mánrə veradartsnél]
fooi (de)	թեյավճար	[tʰejapʰóǵ]

Familie, verwanten en vrienden

51. Persoonlijke informatie. Formulieren

naam (de)	անուն	[anún]
achternaam (de)	ազգանուն	[azganún]
geboortedatum (de)	ծննդյան ամսաթիվ	[tsnndján amsat^hív]
geboorteplaats (de)	ծննդավայր	[tsnndavájr]

nationaliteit (de)	ազգություն	[azgut^hjún]
woonplaats (de)	բնակության վայրը	[bnakut^hján vájrə]
land (het)	երկիր	[erkír]
beroep (het)	մասնագիտություն	[masnagit^hjún]

geslacht (ov. het vrouwelijk ~)	սեռ	[ser]
lengte (de)	հասակ	[hasák]
gewicht (het)	քաշ	[k^haš]

52. Familieleden. Verwanten

moeder (de)	մայր	[majr]
vader (de)	հայր	[hajr]
zoon (de)	որդի	[vordí]
dochter (de)	դուստր	[dustr]

jongste dochter (de)	կրտսեր դուստր	[krtsér dústr]
jongste zoon (de)	կրտսեր որդի	[krtsér vordí]
oudste dochter (de)	ավագ դուստր	[avág dústr]
oudste zoon (de)	ավագ որդի	[avág vordí]

broer (de)	եղբայր	[eġbájr]
zuster (de)	քույր	[k^hujr]

mama (de)	մայրիկ	[majrík]
papa (de)	հայրիկ	[hajrík]
ouders (mv.)	ծնողներ	[tsnoġnér]
kind (het)	երեխա	[ereχá]
kinderen (mv.)	երեխաներ	[ereχanér]

oma (de)	տատիկ	[tatík]
opa (de)	պապիկ	[papík]
kleinzoon (de)	թոռ	[t^hor]
kleindochter (de)	թոռնուհի	[t^hornuhí]
kleinkinderen (mv.)	թոռներ	[t^hornér]

schoonmoeder (de)	զոքանչ	[zok^hánč]
schoonvader (de)	սկեսրայր	[skesrájr]

schoonzoon (de)	փեսա	[pʰesá]
stiefmoeder (de)	խորթ մայր	[χortʰ majr]
stiefvader (de)	խորթ հայր	[χortʰ hajr]

zuigeling (de)	ծծկեր երեխա	[tstskér ereχá]
wiegenkind (het)	մանուկ	[manúk]
kleuter (de)	պստիկ	[pstik]

vrouw (de)	կին	[kin]
man (de)	ամուսին	[amusín]
echtgenoot (de)	ամուսին	[amusín]
echtgenote (de)	կին	[kin]

gehuwd (mann.)	ամուսնացած	[amusnatsʰáts]
gehuwd (vrouw.)	ամուսնացած	[amusnatsʰáts]
ongehuwd (mann.)	ամուրի	[amurí]
vrijgezel (de)	ամուրի	[amurí]
gescheiden (bn)	ամուսնալուծված	[amusnalutsváts]
weduwe (de)	այրի կին	[ajrí kin]
weduwnaar (de)	այրի տղամարդ	[ajrí tğamárd]

familielid (het)	ազգական	[azgakán]
dichte familielid (het)	մերձավոր ազգական	[merdzavór azgakán]
verre familielid (het)	հեռավոր ազգական	[heravór azgakán]
familieleden (mv.)	հարազատներ	[harazatnér]

wees (de), weeskind (het)	որբ	[vorb]
voogd (de)	խնամակալ	[χnamakál]
adopteren (een jongen te ~)	որդեգրել	[vordegrél]
adopteren (een meisje te ~)	որդեգրել	[vordegrél]

53. Vrienden. Collega's

vriend (de)	ընկեր	[ənkér]
vriendin (de)	ընկերուհի	[ənkeruhí]
vriendschap (de)	ընկերություն	[ənkerutʰjún]
bevriend zijn (ww)	ընկերություն անել	[ənkerutʰjún anél]

makker (de)	բարեկամ	[barekám]
vriendin (de)	բարեկամուհի	[barekamuhí]
partner (de)	գործընկեր	[gortsənkér]

chef (de)	շեֆ	[šef]
baas (de)	պետ	[pet]
ondergeschikte (de)	ենթակա	[entʰaká]
collega (de)	գործընկեր	[gortsənkér]

kennis (de)	ծանոթ	[tsanótʰ]
medereiziger (de)	ուղեկից	[uğekítsʰ]
klasgenoot (de)	համադասարանցի	[hamadasarantsʰí]

buurman (de)	հարևան	[harphán]
buurvrouw (de)	հարևանուհի	[harevanuhí]
buren (mv.)	հարևաններ	[harevannér]

54. Man. Vrouw

vrouw (de)	կին	[kin]
meisje (het)	օրիորդ	[oriórd]
bruid (de)	հարսնացու	[harsnatsʰú]

mooi(e) (vrouw, meisje)	գեղեցիկ	[geġetsʰík]
groot, grote (vrouw, meisje)	բարձրահասակ	[bardzrahasák]
slank(e) (vrouw, meisje)	նրբակազմ	[nrbakázm]
korte, kleine (vrouw, meisje)	ցածրահասակ	[tsʰatsrahasák]

blondine (de)	շիկահեր կին	[šikahér kin]
brunette (de)	թխահեր կին	[tʰχahér kín]

dames- (abn)	կանացի	[kanatsʰí]
maagd (de)	կույս	[kujs]
zwanger (bn)	հղի	[hġi]

man (de)	տղամարդ	[tġamárd]
blonde man (de)	շիկահեր տղամարդ	[šikahér tġamárd]
bruinharige man (de)	թխահեր տղամարդ	[tʰχahér tġamárd]
groot (bn)	բարձրահասակ	[bardzrahasák]
klein (bn)	ցածրահասակ	[tsʰatsrahasák]

onbeleefd (bn)	կոպիտ	[kopít]
gedrongen (bn)	ամրակազմ	[amrakázm]
robuust (bn)	ամրակազմ	[amrakázm]
sterk (bn)	ուժեղ	[uʒéġ]
sterkte (de)	ուժ	[uʒ]

mollig (bn)	գեր	[ger]
getaand (bn)	թուխ	[tʰuχ]
slank (bn)	բարեկազմ	[barekázm]
elegant (bn)	նրբագեղ	[nrbagéġ]

55. Leeftijd

leeftijd (de)	տարիք	[taríkʰ]
jeugd (de)	պատանեկություն	[patanekutʰjún]
jong (bn)	երիտասարդ	[eritasárd]

jonger (bn)	փոքր	[pʰokʰr]
ouder (bn)	մեծ	[mets]

jongen (de)	պատանի	[pataní]
tiener, adolescent (de)	դեռահաս	[derahás]
kerel (de)	երիտասարդ	[eritasárd]

oude man (de)	ծերունի	[tseruní]
oude vrouw (de)	պառավ	[paráv]

volwassen (bn)	մեծahasak	[metsahasák]
van middelbare leeftijd (bn)	միջին տարիքի	[miʤín tarikʰí]

bejaard (bn)	տարեց	[taréts^h]
oud (bn)	ծեր	[tser]

pensioen (het)	թոշակ	[t^hošák]
met pensioen gaan	թոշակի գնալ	[t^hošakí gnál]
gepensioneerde (de)	թոշակառու	[t^hošakarú]

56. Kinderen

kind (het)	երեխա	[ereχá]
kinderen (mv.)	երեխաներ	[ereχanér]
tweeling (de)	երկվորյակներ	[erkvorjaknér]

wieg (de)	օրորոց	[ororóts^h]
rammelaar (de)	չխչխկան խաղալիք	[čχčχkán χaġalík^h]
luier (de)	տակդիր	[takdír]

speen (de)	ծծակ	[tstsak]
kinderwagen (de)	մանկասայլակ	[mankasajlák]
kleuterschool (de)	մանկապարտեզ	[mankapartéz]
babysitter (de)	դայակ	[daják]

kindertijd (de)	մանկություն	[mankut^hjún]
pop (de)	տիկնիկ	[tikník]
speelgoed (het)	խաղալիք	[χaġalík^h]
bouwspeelgoed (het)	կոնստրուկտոր	[konstruktór]

welopgevoed (bn)	դաստիարակված	[dastiarakváts]
onopgevoed (bn)	անդաստիարակ	[andastiarák]
verwend (bn)	երես առած	[erés aráts]

stout zijn (ww)	չարաճճիություն անել	[čaračəčiut^hjún anél]
stout (bn)	չարաճճի	[čaračəčí]
stoutheid (de)	չարաճճիություն	[čaračəčiut^hjún]
stouterd (de)	չարաճճի	[čaračəčí]

gehoorzaam (bn)	լսող	[lsoġ]
ongehoorzaam (bn)	չլսող	[člsoġ]

braaf (bn)	խելամիտ	[χelamít]
slim (verstandig)	խելացի	[χelats^hí]
wonderkind (het)	հրաշամանուկ	[hrašamanúk]

57. Gehuwde paren. Gezinsleven

kussen (een kus geven)	համբուրել	[hamburél]
elkaar kussen (ww)	համբուրվել	[hamburvél]
gezin (het)	ընտանիք	[əntaník^h]
gezins- (abn)	ընտանեկան	[əntanekán]
paar (het)	զույգ	[zujg]
huwelijk (het)	ամուսնություն	[amusnut^hjún]
thuis (het)	ընտանեկան օջախ	[əntanekán odʒáχ]

dynastie (de)	գահ	[tsʰeǵ]
date (de)	ժամանորություն	[ʒamadrutʰjún]
zoen (de)	համբույր	[hambújr]

liefde (de)	սեր	[ser]
liefhebben (ww)	սիրել	[sirél]
geliefde (bn)	սիրած	[siráts]

tederheid (de)	քնքշանք	[knkšankʰ]
teder (bn)	քնքուշ	[kʰnkʰuš]
trouw (de)	հավատարմություն	[havatarmutʰjún]
trouw (bn)	հավատարիմ	[havatarím]
zorg (bijv. bejaarden~)	հոգատարություն	[hogatarutʰjún]
zorgzaam (bn)	հոգատար	[hogatár]

jonggehuwden (mv.)	նորապսակներ	[norapsaknér]
wittebroodsweken (mv.)	մեղրամիս	[meǵramís]
trouwen (vrouw)	ամուսնանալ	[amusnanál]
trouwen (man)	ամուսնանալ	[amusnanál]

bruiloft (de)	հարսանիք	[harsaníkʰ]
gouden bruiloft (de)	ոսկե հարսանիք	[voské harsaníkʰ]
verjaardag (de)	տարեդարձ	[taredárdz]

minnaar (de)	սիրեկան	[sirekán]
minnares (de)	սիրուհի	[siruhí]

overspel (het)	դավաճանություն	[davačanutʰjún]
overspel plegen (ww)	դավաճանել	[davačanél]
jaloers (bn)	խանդոտ	[xandót]
jaloers zijn (echtgenoot, enz.)	խանդել	[xandél]
echtscheiding (de)	ամուսնալուծություն	[amusnalutsutʰjún]
scheiden (ww)	ամուսնալուծվել	[amusnalutsvél]

ruzie hebben (ww)	վիճել	[vičél]
vrede sluiten (ww)	հաշտվել	[haštvél]
samen (bw)	միասին	[miasín]
seks (de)	սեքս	[sekʰs]

geluk (het)	երջանկություն	[erdʒankutʰjún]
gelukkig (bn)	երջանիկ	[erdʒaník]
ongeluk (het)	դժբախտություն	[dʒbaxtutʰjún]
ongelukkig (bn)	դժբախտ	[dʒbaxt]

Karakter. Gevoelens. Emoties

58. Gevoelens. Emoties

gevoel (het)	qqwugínιừp	[zgatsʰmúnkʰ]
gevoelens (mv.)	qqwugínιừpừn	[zgatsʰmunkʰnér]
voelen (ww)	qqwι	[zgal]
honger (de)	unվ	[sov]
honger hebben (ww)	nιqừừwι nιừừ	[uzenál utél]
dorst (de)	ujwujwừ	[papák]
dorst hebben	nιqừừwι խιừừ	[uzenál χmel]
slaperigheid (de)	pừừnιnnιpjnừ	[kʰnkotutʰjún]
willen slapen	nιqừừwι pừừ	[uzenál kʰnel]
moeheid (de)	hnqừwծnιpjnừ	[hognatsutʰjún]
moe (bn)	hnqừwծ	[hognáts]
vermoeid raken (ww)	hnqừừ	[hognél]
stemming (de)	unpwwmwnpnιpjnừ	[tramadrutʰjún]
verveling (de)	ծwừծpnιjp	[dzandzrújtʰ]
afzondering (de)	uừừnιwwgnιuՐ	[mekusatsʰúm]
zich afzonderen (ww)	uừừnιwwừwι	[mekusanál]
bezorgd maken	wừừừừừqιnwgừừ	[anhangstatsʰnél]
bezorgd zijn (ww)	wừừừừừqιnwừwι	[anhangstanál]
zorg (bijv. geld~en)	wừừừừừqιnnιpjnừ	[anhangstutʰjún]
ongerustheid (de)	wừừừừừqιnnιpjnừ	[anhangstutʰjún]
ongerust (bn)	úwwừhnqվwծ	[mtahogváts]
zenuwachtig zijn (ww)	ừjwnnwjừwừwι	[njardajnanál]
in paniek raken	խnιծwwujι uừậ nừừừừ	[χučapí medʒ ənknél]
hoop (de)	hnιju	[hujs]
hopen (ww)	hnιwwι	[husál]
zekerheid (de)	վwwwhnιpjnừ	[vstahutʰjún]
zeker (bn)	վwwừwh	[vstah]
onzekerheid (de)	wừվwwwhnιpjnừ	[anvstahutʰjún]
onzeker (bn)	wừվwwwh	[anvstáh]
dronken (bn)	hwppwծ	[harbáts]
nuchter (bn)	qqnừ	[zgon]
zwak (bn)	pnιjι	[tʰujl]
gelukkig (bn)	hwọnnwկ	[hadʒoġák]
doen schrikken (ww)	վwխừừqừừ	[vaχetsʰnél]
toorn (de)	կwwwnnιpjnừ	[kataġutʰjún]
woede (de)	կwwwnnιpjnừ	[kataġutʰjún]
depressie (de)	nừujnừừխw	[deprésia]
ongemak (het)	nhừừnuՖnpwn	[diskomfórt]

gemak, comfort (het)	կոմֆորտ	[komfórt]
spijt hebben (ww)	ափսոսալ	[apʰsosál]
spijt (de)	ափսոսանք	[apʰsosánkʰ]
pech (de)	անհաջողակություն	[anhadʒoġakutʰjún]
bedroefdheid (de)	վիշտ	[višt]

schaamte (de)	ամոթ	[amótʰ]
pret (de), plezier (het)	ուրախություն	[uraχutʰjún]
enthousiasme (het)	խանդավառություն	[χandavarutʰjún]
enthousiasteling (de)	խանդավառ անձ	[χandavár andz]
enthousiasme vertonen	խանդավառություն ցուցաբերել	[χandavarutʰjún tsʰutsʰaberél]

59. Karakter. Persoonlijkheid

karakter (het)	բնավորություն	[bnavorutʰjún]
karakterfout (de)	թերություն	[tʰerutʰjún]
rede (de), verstand (het)	խելք	[χelkʰ]

geweten (het)	խիղճ	[χiġč]
gewoonte (de)	սովորություն	[sovorutʰjún]
bekwaamheid (de)	ընդունակություն	[əndunakutʰjún]
kunnen (bijv., ~ zwemmen)	կարողանալ	[karoġanál]

geduldig (bn)	համբերատար	[hamberatár]
ongeduldig (bn)	անհամբեր	[anhambér]
nieuwsgierig (bn)	հետաքրքրասեր	[hetakʰrkʰrasér]
nieuwsgierigheid (de)	հետաքրքրասիրություն	[hetakʰrkʰrasirutʰjún]

bescheidenheid (de)	համեստություն	[hamestutʰjún]
bescheiden (bn)	համեստ	[hamést]
onbescheiden (bn)	անհամեստ	[anhamést]

luiheid (de)	ծուլություն	[tsulutʰjún]
lui (bn)	ծույլ	[tsujl]
luiwammes (de)	ծույլիկ	[tsujlík]

sluwheid (de)	խորամանկություն	[χoramankutʰjún]
sluw (bn)	խորամանկ	[χoramánk]
wantrouwen (het)	անվստահություն	[anvstahutʰjún]
wantrouwig (bn)	անվստահ	[anvstáh]

gulheid (de)	ձեռնատություն	[dzernaratutʰjún]
gul (bn)	ձեռնատ	[dzernarát]
talentrijk (bn)	տաղանդավոր	[taġandavór]
talent (het)	տաղանդ	[taġánd]

moedig (bn)	համարձակ	[hamardzák]
moed (de)	համարձակություն	[hamardzakutʰjún]
eerlijk (bn)	ազնիվ	[aznív]
eerlijkheid (de)	ազնվություն	[aznvutʰjún]

| voorzichtig (bn) | զգույշ | [zgujš] |
| manhaftig (bn) | խիզախ | [χizáχ] |

| ernstig (bn) | լուրջ | [lurdʒ] |
| streng (bn) | խիստ | [xist] |

resoluut (bn)	վճռական	[včrakán]
onzeker, irresoluut (bn)	անորոշ	[anoróš]
schuchter (bn)	երկչոտ	[erkčót]
schuchterheid (de)	երկչոտություն	[erkčotutʰjún]

vertrouwen (het)	վստահություն	[vstahutʰjún]
vertrouwen (ww)	վստահել	[vstahél]
goedgelovig (bn)	դյուրահավատ	[djurahavát]

oprecht (bw)	անկեղծ	[ankéǵts]
oprecht (bn)	անկեղծ	[ankéǵts]
oprechtheid (de)	անկեղծություն	[ankeǵtsutʰjún]
open (bn)	սրտաբաց	[srtabátsʰ]

rustig (bn)	հանգիստ	[hangíst]
openhartig (bn)	անկեղծ	[ankéǵts]
naïef (bn)	միամիտ	[miamít]
verstrooid (bn)	ցրված	[tsʰrvats]
leuk, grappig (bn)	զվարճալի	[zvarčalí]

gierigheid (de)	ագահություն	[agahutʰjún]
gierig (bn)	ագահ	[agáh]
inhalig (bn)	ժլատ	[ʒlat]
kwaad (bn)	չար	[čar]
koppig (bn)	կամակոր	[kamakór]
onaangenaam (bn)	տհաճ	[thač]

egoïst (de)	եսասեր	[esasér]
egoïstisch (bn)	եսասեր	[esasér]
lafaard (de)	վախկոտ	[vaχkót]
laf (bn)	վախկոտ	[vaχkót]

60. Slaap. Dromen

slapen (ww)	քնել	[kʰnel]
slaap (in ~ vallen)	քուն	[kʰun]
droom (de)	երազ	[eráz]
dromen (in de slaap)	երազներ տեսնել	[eraznér tesnél]
slaperig (bn)	քնաթաթախ	[kʰnatʰatʰáχ]

bed (het)	մահճակալ	[mahčakál]
matras (de)	ներքնակ	[nerkʰnák]
deken (de)	վերմակ	[vermák]
kussen (het)	բարձ	[bardz]
laken (het)	սավան	[saván]

slapeloosheid (de)	անքնություն	[ankʰnutʰjún]
slapeloos (bn)	անքուն	[ankʰún]
slaapmiddel (het)	քնաբեր դեղ	[kʰnabér déǵ]
slaapmiddel innemen	քնաբեր ընդունել	[kʰnabér əndunél]
willen slapen	ուզենալ քնել	[uzenál kʰnel]

geeuwen (ww)	հորանջել	[horandʒél]
gaan slapen	գնալ քնելու	[gnal kʰnelú]
het bed opmaken	անկողին գցել	[ankoǧín gtsʰél]
inslapen (ww)	քնել	[kʰnel]

nachtmerrie (de)	մղձավանջ	[mǧdzavándʒ]
gesnurk (het)	խռմփոց	[χrmpʰotsʰ]
snurken (ww)	խռմփացնել	[χrmpʰatsʰnél]

wekker (de)	զարթուցիչ	[zartʰutsʰíč]
wekken (ww)	արթնացնել	[artʰnatsʰnél]
wakker worden (ww)	զարթնել	[zartʰnél]
opstaan (ww)	վեր կենալ	[ver kenál]
zich wassen (ww)	լվացվել	[lvatsʰvél]

61. Humor. Gelach. Blijdschap

humor (de)	հումոր	[humór]
gevoel (het) voor humor	զգացմունք	[zgatsʰmúnkʰ]
plezier hebben (ww)	զվարճանալ	[zvarčanál]
vrolijk (bn)	զվարճալի	[zvarčalí]
pret (de), plezier (het)	զվարճություն	[zvarčutʰjún]

glimlach (de)	ժպիտ	[ʒpit]
glimlachen (ww)	ժպտալ	[ʒptal]
beginnen te lachen (ww)	ծիծաղել	[tsitsaǧél]
lachen (ww)	ծիծաղել	[tsitsaǧél]
lach (de)	ծիծաղ	[tsitsáǧ]

mop (de)	անեկդոտ	[anekdót]
grappig (een ~ verhaal)	ծիծաղելի	[tsitsaǧelí]
grappig (~e clown)	ծիծաղելի	[tsitsaǧelí]

grappen maken (ww)	կատակել	[katakél]
grap (de)	կատակ	[katák]
blijheid (de)	ուրախություն	[uraχutʰjún]
blij zijn (ww)	ուրախանալ	[uraχanál]
blij (bn)	ուրախալի	[uraχalí]

62. Discussie, conversatie. Deel 1

communicatie (de)	շփում	[špʰum]
communiceren (ww)	շփվել	[špʰvel]

conversatie (de)	խոսակցություն	[χosaktʰutʰjún]
dialoog (de)	երկխոսություն	[erkχosutʰjún]
discussie (de)	վիճաբանություն	[vičabanutʰjún]
debat (het)	վիճաբանություն	[vičabanutʰjún]
debatteren, twisten (ww)	վիճել	[vičél]

gesprekspartner (de)	զրուցակից	[zrutsʰakítsʰ]
thema (het)	թեմա	[tʰemá]

standpunt (het)	տեսակետ	[tesakét]
mening (de)	կարծիք	[kartsíkʰ]
toespraak (de)	ելույթ	[elújtʰ]

bespreking (de)	քննարկում	[kʰnnarkúm]
bespreken (spreken over)	քննարկել	[kʰnnarkél]
gesprek (het)	զրույց	[zrujtsʰ]
spreken (converseren)	զրուցել	[zrutsʰél]
ontmoeting (de)	հանդիպում	[handipúm]
ontmoeten (ww)	հանդիպել	[handipél]

spreekwoord (het)	առած	[aráts]
gezegde (het)	ասացված	[asatsʰvátsk]
raadsel (het)	հանելուկ	[hanelúk]
een raadsel opgeven	հանելուկ ասել	[hanelúk asél]
wachtwoord (het)	նշանաբառ	[nšanabár]
geheim (het)	գաղտնիք	[gaġtníkʰ]

eed (de)	երդում	[erdúm]
zweren (een eed doen)	երդվել	[erdvél]
belofte (de)	խոստում	[xostúm]
beloven (ww)	խոստանալ	[xostanál]

advies (het)	խորհուրդ	[xorhúrd]
adviseren (ww)	խորհուրդ տալ	[xorhúrd tal]
luisteren (gehoorzamen)	հետևել	[hetevél]

nieuws (het)	նորություն	[norutʰjún]
sensatie (de)	սենսացիա	[sensátsʰia]
informatie (de)	տեղեկություններ	[teġekutʰjunnér]
conclusie (de)	եզրակացություն	[ezrakatsʰutʰjún]
stem (de)	ձայն	[dzajn]
compliment (het)	հաճոյախոսություն	[hačojaxosutʰjún]
vriendelijk (bn)	սիրալիր	[siralír]

woord (het)	բառ	[bar]
zin (de), zinsdeel (het)	նախադասություն	[naxadasutʰjún]
antwoord (het)	պատասխան	[patasxán]

| waarheid (de) | ճշմարտություն | [čšmartutʰjún] |
| leugen (de) | սուտ | [sut] |

gedachte (de)	միտք	[mitkʰ]
idee (de/het)	գաղափար	[gaġapʰár]
fantasie (de)	մտացածին	[mtatsʰatsín]

63. Discussie, conversatie. Deel 2

gerespecteerd (bn)	հարգելի	[hargelí]
respecteren (ww)	հարգել	[hargél]
respect (het)	հարգանք	[hargánkʰ]
Geachte ... (brief)	Հարգարժան ...	[hargaržán ...]
voorstellen (Mag ik jullie ~)	ծանոթացնել	[tsanotʰatsʰnél]
intentie (de)	մտադրություն	[mtadrutʰjún]

intentie hebben (ww)	մտադրություն ունենալ	[mtadrut^hjún unenál]
wens (de)	ցանկություն	[ts^hankut^hjún]
wensen (ww)	ցանկանալ	[ts^hankanál]

verbazing (de)	զարմանք	[zarmánk^h]
verbazen (verwonderen)	զարմացնել	[zarmats^hnél]
verbaasd zijn (ww)	զարմանալ	[zarmanál]

geven (ww)	տալ	[tal]
nemen (ww)	վերցնել	[verts^hnél]
teruggeven (ww)	վերադարձնել	[veradardznél]
retourneren (ww)	ետ տալ	[et tal]

zich verontschuldigen	ներողություն խնդրել	[neroġut^hjún χndrél]
verontschuldiging (de)	ներողություն	[neroġut^hjún]
vergeven (ww)	ներել	[nerél]

spreken (ww)	խոսել	[χosél]
luisteren (ww)	լսել	[lsel]
aanhoren (ww)	լսել	[lsel]
begrijpen (ww)	հասկանալ	[haskanál]

tonen (ww)	ցույց տալ	[ts^hújts^h tal]
kijken naar ...	նայել	[naél]
roepen (vragen te komen)	կանչել	[kančél]
storen (lastigvallen)	խանգարել	[χangarél]
doorgeven (ww)	փոխանցել	[p^hoχants^hél]

verzoek (het)	խնդրանք	[χndrank^h]
verzoeken (ww)	խնդրել	[χndrell]
eis (de)	պահանջ	[pahándʒ]
eisen (met klem vragen)	պահանջել	[pahandʒél]

beledigen (beledigende namen geven)	ձերք առնել	[dzérk^h arnél]
uitlachen (ww)	ծաղրել	[tsaġrél]
spot (de)	ծաղր	[tsaġr]
bijnaam (de)	մականուն	[makanún]

zinspeling (de)	ակնարկ	[aknárk]
zinspelen (ww)	ակնարկել	[aknarkél]
impliceren (duiden op)	նկատի ունենալ	[nkatí unenál]

beschrijving (de)	նկարագրություն	[nkaragrut^hjún]
beschrijven (ww)	նկարագրել	[nkaragrél]
lof (de)	գովեստ	[govést]
loven (ww)	գովալ	[ġovál]

teleurstelling (de)	հուսախաբություն	[husaχabut^hjún]
teleurstellen (ww)	հուսախաբ անել	[husaχáb anél]
teleurgesteld zijn (ww)	հուսախաբ լինել	[husaχáb linél]

veronderstelling (de)	ենթադրություն	[ent^hadrut^hjún]
veronderstellen (ww)	ենթադրել	[ent^hadrél]
waarschuwing (de)	նախազգուշացում	[naχazgušats^húm]
waarschuwen (ww)	նախազգուշացնել	[nəχazguča^hnél]

64. Discussie, conversatie. Deel 3

aanpraten (ww)	համոզել	[hamozél]
kalmeren (kalm maken)	հանգստացնել	[hangstatsʰnél]

stilte (de)	լռություն	[lrutʰjún]
zwijgen (ww)	լռել	[lrel]
fluisteren (ww)	փսփսալ	[pʰəspʰəsál]
gefluister (het)	փսփսոց	[pʰspsʰótsʰ]

open, eerlijk (bw)	անկեղծ	[ankéǵts]
volgens mij ...	իմ կարծիքով ...	[ím kartsikʰóv ...]

detail (het)	մանրամասնություն	[manramasnutʰjún]
gedetailleerd (bn)	մանրամասն	[manramásn]
gedetailleerd (bw)	մանրամասն	[manramásn]

hint (de)	հուշում	[hušúm]
een hint geven	հուշել	[hušél]

blik (de)	հայացք	[hajátsʰkʰ]
een kijkje nemen	հայացք գցել	[hajátsʰkʰ gtsʰél]
strak (een ~ke blik)	սառած	[saráts]
knipperen (ww)	թարթել	[tʰartʰél]
knipogen (ww)	աչքով անել	[ačkʰóv anél]
knikken (ww)	գլխով անել	[glχóv anél]

zucht (de)	հոգոց	[hogótsʰ]
zuchten (ww)	հոգոց հանել	[hogótsʰ hanél]
huiveren (ww)	ցնցվել	[tsʰntsʰvél]
gebaar (het)	ժեստ	[ʒest]
aanraken (ww)	դիպչել	[dipčél]
grijpen (ww)	բռնել	[brnel]
een schouderklopje geven	խփել	[χpʰel]

Kijk uit!	Զգուշացիր!	[zgušatsʰír!]
Echt?	Մի՞թե	[mítʰe?]
Bent je er zeker van?	Համոզվա՞ծ ես	[hamozváts es?]
Succes!	Հաջողություն լ'ն	[hadʒoǵutʰjún!]
Juist, ja!	Պա րզ է	[parz ē!]
Wat jammer!	Ափսոս	[apʰsós!]

65. Overeenstemming. Weigering

instemming (het)	համաձայնություն	[hamadzajnutʰjún]
instemmen (akkoord gaan)	համաձայնվել	[hamadzajnvél]
goedkeuring (de)	հավանություն	[havanutʰjún]
goedkeuren (ww)	հավանություն տալ	[havanutʰjún tál]
weigering (de)	հրաժարում	[hraʒarúm]
weigeren (ww)	հրաժարվել	[hraʒarvél]

Geweldig!	Հոյակապ է	[hojakáp ē!]
Goed!	Լավ	[lav!]

Akkoord!	Լավ	[lav!]
verboden (bn)	արգելված	[argelváts]
het is verboden	չի կարելի	[či karelí]
het is onmogelijk	անհնարին է	[anhēnarín ē]
onjuist (bn)	սխալ	[sxal]

afwijzen (ww)	մերժել	[merʒél]
steunen	պաշտպանել	[paštpanél]
(een goed doel, enz.)		
aanvaarden (excuses ~)	ընդունել	[əndunvél]

bevestigen (ww)	հաստատել	[hastatél]
bevestiging (de)	հաստատում	[hastatúm]
toestemming (de)	թույլտվություն	[tʰujltvutʰjún]
toestaan (ww)	թույլատրել	[tʰujlatrél]
beslissing (de)	որոշում	[vorošúm]
z'n mond houden (ww)	լռել	[lrel]

voorwaarde (de)	պայման	[pajmán]
smoes (de)	պատրվակ	[patrvák]

lof (de)	գովեստ	[govést]
loven (ww)	գովել	[govél]

66. Succes. Veel geluk. Mislukking

succes (het)	հաջողություն	[hadʒoġutʰjún]
succesvol (bw)	հաջող	[hadʒóġl]
succesvol (bn)	հաջողակ	[hadʒoġák]

geluk (het)	հաջողություն	[hadʒoġutʰjún]
Succes!	Հաջողությո՛ւն	[hadʒoġutʰjún!]

geluks- (bn)	հաջող	[hadʒóġ]
gelukkig (fortuinlijk)	հաջողակ	[hadʒoġák]

mislukking (de)	անհաջողություն	[anhadʒoġutʰjún]
tegenslag (de)	ձախողություն	[dzaxoġutʰjún]
pech (de)	անհաջողակություն	[anhadʒoġakutʰjún]

zonder succes (bn)	անհաջող	[anhadʒóġ]
catastrofe (de)	աղետ	[aġét]

fierheid (de)	հպարտություն	[hpartutʰjún]
fier (bn)	հպարտ	[hpart]
fier zijn (ww)	հպարտանալ	[hpartanál]

winnaar (de)	հաղթող	[haġtʰóġ]
winnen (ww)	հաղթել	[haġtʰél]

verliezen (ww)	պարտվել	[partvél]
poging (de)	փորձ	[pʰordz]
pogen, proberen (ww)	փորձել	[pʰordzél]
kans (de)	շանս	[šans]

67. Ruzies. Negatieve emoties

schreeuw (de)	ճիչ	[čič]
schreeuwen (ww)	բղավել	[bġavél]
beginnen te schreeuwen	ճչալ	[čəčál]
ruzie (de)	վեճ	[več]
ruzie hebben (ww)	վիճել	[vičél]
schandaal (het)	աղմկահարույթյուն	[aġmkaharutʰjún]
schandaal maken (ww)	աղմկահարել	[aġmkaharél]
conflict (het)	ընդհարում	[əndharúm]
misverstand (het)	թյուրիմացություն	[tʰjurimatsʰutʰjún]
belediging (de)	վիրավորանք	[viravoránkʰ]
beledigen	վիրավորել	[viravorél]
(met scheldwoorden)		
beledigd (bn)	վիրավորված	[viravorváts]
krenking (de)	վիրավորանք	[viravoránkʰ]
krenken (beledigen)	վիրավորել	[viravorél]
gekwetst worden (ww)	վիրավորվել	[viravorvél]
verontwaardiging (de)	վրդովմունք	[vrdovmúnkʰ]
verontwaardigd zijn (ww)	վրդովվել	[vrdovvél]
klacht (de)	բողոք	[boġókʰ]
klagen (ww)	բողոքել	[boġokʰél]
verontschuldiging (de)	ներողություն	[neroġutʰjún]
zich verontschuldigen	ներողություն խնդրել	[neroġutʰjún xndrél]
excuus vragen	ներողություն խնդրել	[neroġutʰjún xndrél]
kritiek (de)	քննադատություն	[kʰnnadatutʰjún]
bekritiseren (ww)	քննադատել	[kʰnnadatél]
beschuldiging (de)	մեղադրանք	[meġadránkʰ]
beschuldigen (ww)	մեղադրել	[meġadrél]
wraak (de)	վրեժ	[vreʒ]
wreken (ww)	վրեժ լուծել	[vreʒ lutsél]
wraak nemen (ww)	վրեժ լուծել	[vreʒ lutsél]
minachting (de)	արհամարանք	[arhamaránkʰ]
minachten (ww)	արհամարհել	[arhamarhél]
haat (de)	ատելություն	[atelutʰjún]
haten (ww)	ատել	[atél]
zenuwachtig (bn)	նյարդային	[njardajín]
zenuwachtig zijn (ww)	նյարդայնանալ	[njardajnanál]
boos (bn)	բարկացած	[barkatsʰáts]
boos maken (ww)	բարկացնել	[barkatsʰnél]
vernedering (de)	ստորացում	[storatsʰúm]
vernederen (ww)	ստորացնել	[storatsʰnél]
zich vernederen (ww)	ստորանալ	[storanál]
schok (de)	ցնցահարում	[tsʰntsʰaharúm]
schokken (ww)	ցնցահարել	[tsʰntsʰaharél]

onaangenaamheid (de)	անախորժություն	[anaχorʒutʰjún]
onaangenaam (bn)	տհաճ	[thač]

vrees (de)	վախ	[vaχ]
vreselijk (bijv. ~ onweer)	սարսափելի	[sarsapʰelí]
eng (bn)	վախենալի	[vaχenalí]
gruwel (de)	սարսափ	[sarsápʰ]
vreselijk (~ nieuws)	սոսկալի	[soskalí]

huilen (wenen)	լացել	[latsʰél]
beginnen te huilen (wenen)	լաց լինել	[latsʰ linél]
traan (de)	արցունք	[artsʰúnkʰ]

schuld (~ geven aan)	մեղք	[meġkʰ]
schuldgevoel (het)	մեղք	[meġkʰ]
schande (de)	խայտառակություն	[χajtarakutʰjún]
protest (het)	բողոք	[boġókʰ]
stress (de)	սթրես	[stʰres]

storen (lastigvallen)	անհանգստացնել	[anhangstatsʰnél]
kwaad zijn (ww)	զայրանալ	[zajranál]
kwaad (bn)	զայրացած	[zajratsʰáts]
beëindigen (een relatie ~)	դադարեցնել	[dadaretsʰnél]
vloeken (ww)	հայհոյել	[hajhojél]

schrikken (schrik krijgen)	վախենալ	[vaχenál]
slaan (iemand ~)	հարվածել	[harvatsél]
vechten (ww)	կռվել	[krvel]

regelen (conflict)	կարգավորել	[kɑrgavorél]
ontevreden (bn)	դժգոհ	[dʒgoh]
woedend (bn)	կատաղի	[kataġí]

Dat is niet goed!	Լավ չէ!	[lav čē!]
Dat is slecht!	Վատ է!	[vat ē!]

65

Geneeskunde

68. Ziekten

ziekte (de)	հիվանդություն	[hivandutʰjún]
ziek zijn (ww)	հիվանդ լինել	[hivánd linél]
gezondheid (de)	առողջություն	[aroģdʒutʰjún]
snotneus (de)	հարբուխ	[harbúχ]
angina (de)	անգինա	[angína]
verkoudheid (de)	մրսածություն	[mrsatsutʰjún]
verkouden raken (ww)	մրսել	[mrsel]
bronchitis (de)	բրոնխիտ	[bronχít]
longontsteking (de)	թոքերի բորբոքում	[tʰokʰerí borbokʰúm]
griep (de)	գրիպ	[grip]
bijziend (bn)	կարճատես	[karčatés]
verziend (bn)	հեռատես	[herahós]
scheelheid (de)	շլություն	[šlutʰjún]
scheel (bn)	շլաք	[šlačkʰ]
grauwe staar (de)	կատարակտա	[katarákta]
glaucoom (het)	գլաուկոմա	[glaukóma]
beroerte (de)	ուղեղի կաթված	[uģeģí katʰváts]
hartinfarct (het)	ինֆարկտ	[infárkt]
myocardiaal infarct (het)	սրտամկանի կաթված	[srtamkaní katʰváts]
verlamming (de)	կաթված	[katʰváts]
verlammen (ww)	կաթվածել	[katʰvatsél]
allergie (de)	ալերգիա	[alergía]
astma (de/het)	աստմա	[astʰmá]
diabetes (de)	շաքարախտ	[šakʰaráχt]
tandpijn (de)	ատամնացավ	[atamnatsʰáv]
tandbederf (het)	կարիես	[karíes]
diarree (de)	լույծ	[lujts]
constipatie (de)	փորկապություն	[pʰorkaputʰjún]
maagstoornis (de)	ստամոքսի խանգարում	[stamokʰsí χangarúm]
voedselvergiftiging (de)	թունավորում	[tʰunavorúm]
voedselvergiftiging oplopen	թունավորվել	[tʰunavorvél]
artritis (de)	հոդի բորբոքում	[hodí borbokʰúm]
rachitis (de)	ռախիտ	[raχít]
reuma (het)	հոդացav	[hodatsʰáv]
arteriosclerose (de)	աթերոսկլերոզ	[atʰeroskleróz]
gastritis (de)	գաստրիտ	[gastrít]
blindedarmontsteking (de)	ապենդիցիտ	[apenditsʰít]

galblaasontsteking (de)	խոլեցիստիտ	[xoletshistít]
zweer (de)	խոց	[xotsh]

mazelen (mv.)	կարմրուկ	[karmrúk]
rodehond (de)	կարմրախտ	[karmráχt]
geelzucht (de)	դեղնախ	[deǵnáχ]
leverontsteking (de)	հեպատիտ	[hepatít]

schizofrenie (de)	շիզոֆրենիա	[šizofrenía]
dolheid (de)	կատաղություն	[kataǵuthjún]
neurose (de)	նեվրոզ	[nevróz]
hersenschudding (de)	ուղեղի ցնցում	[uǵeǵí tshntshúm]

kanker (de)	քաղցկեղ	[khaǵtskéǵ]
sclerose (de)	կարծրախտ	[kartsráχt]
multiple sclerose (de)	ցրված կարծրախտ	[tshrváts kartsráχt]

alcoholisme (het)	հարբեցողություն	[harbetshoǵuthjún]
alcoholicus (de)	հարբեցող	[harbetshóǵ]
syfilis (de)	սիֆիլիս	[sifilís]
AIDS (de)	ՁԻԱՀ	[dziáh]

tumor (de)	ուռուցք	[urútshkh]
kwaadaardig (bn)	չարորակ	[čarorák]
goedaardig (bn)	բարորակ	[barorák]

koorts (de)	տենդ	[tend]
malaria (de)	մալարիա	[malaría]
gangreen (het)	փտախտ	[phtaχt]
zeeziekte (de)	ծովایին լիճվանդություն	[tsovajín hivanduthjún]
epilepsie (de)	ընկնավորություն	[ənknavoruthjún]

epidemie (de)	համաճարակ	[hamačarák]
tyfus (de)	տիֆ	[tif]
tuberculose (de)	պալարախտ	[palaráχt]
cholera (de)	խոլերա	[xoléra]
pest (de)	ժանտախտ	[žantáχt]

69. Symptomen. Behandelingen. Deel 1

symptoom (het)	նախանշան	[naχanšán]
temperatuur (de)	ջերմաստիճան	[džermastičán]
verhoogde temperatuur (de)	բարձր ջերմաստիճան	[bárdzr džermastičán]
polsslag (de)	զարկերակ	[zarkerák]

duizeling (de)	գլխապտույտ	[glχaptújt]
heet (erg warm)	տաք	[takh]
koude rillingen (mv.)	դողէրոցք	[doǵērótshkh]
bleek (bn)	գունատ	[gunát]

hoest (de)	հազ	[haz]
hoesten (ww)	հազալ	[hazál]
niezen (ww)	փռշտալ	[phrštal]
flauwte (de)	ուշագնացություն	[ušagnatshuthjún]

flauwvallen (ww)	ուշագնաց լինել	[ušagnáts^h linél]
blauwe plek (de)	կապտուկ	[kaptúk]
buil (de)	ուռուցք	[urúts^hk^h]
zich stoten (ww)	խփվել	[xp^hvel]
kneuzing (de)	վնասվածք	[vnasváts^h]
kneuzen (gekneusd zijn)	վնասվածք ստանալ	[vnasváts^h stanál]

hinken (ww)	կաղալ	[kaġál]
verstuiking (de)	հոդախախտում	[hodaχaχtúm]
verstuiken (enkel, enz.)	հոդախախտել	[hodaχaχtél]
breuk (de)	կոտրվածք	[kotrváts^h]
een breuk oplopen	կոտրվածք ստանալ	[kotrváts^h stanál]

snijwond (de)	կտրված վերք	[ktrvats verk^h]
zich snijden (ww)	կտրել	[ktrel]
bloeding (de)	արյունահոսություն	[arjunahosut^hjún]

brandwond (de)	այրվածք	[ajrváts^h]
zich branden (ww)	այրվել	[ajrvél]

prikken (ww)	ծակել	[tsakél]
zich prikken (ww)	ծակել	[tsakél]
blesseren (ww)	վնասել	[vnasél]
blessure (letsel)	վնասվածք	[vnasváts^h]
wond (de)	վերք	[verk^h]
trauma (het)	վնասվածք	[vnasváts^h]

ijlen (ww)	զառանցել	[zarants^hél]
stotteren (ww)	կակազել	[kakazél]
zonnesteek (de)	արևահարություն	[arevaharut^hjún]

70. Symptomen. Behandelingen. Deel 2

pijn (de)	ցավ	[ts^hav]
splinter (de)	փուշ	[p^huš]

zweet (het)	քրտինք	[krtink^h]
zweten (ww)	քրտնել	[k^hrtnel]
braking (de)	փսխում	[p^hsχum]
stuiptrekkingen (mv.)	ջղաձգություն	[dʒġadzgut^hjún]

zwanger (bn)	հղի	[hġi]
geboren worden (ww)	ծնվել	[tsnvel]
geboorte (de)	ծննդաբերություն	[tsnndaberut^hjún]
baren (ww)	ծննդաբերել	[tsnndaberél]
abortus (de)	աբորտ	[abórt]

ademhaling (de)	շնչառություն	[šnčarut^hjún]
inademing (de)	ներշնչում	[neršnčúm]
uitademing (de)	արտաշնչում	[artašnčúm]
uitademen (ww)	արտաշնչել	[artašnčél]
inademen (ww)	շնչել	[šnčel]
invalide (de)	հաշմանդամ	[hašmandám]
gehandicapte (de)	խեղանդամ	[χeġandám]

drugsverslaafde (de)	թմրամոլ	[tʰmramól]
doof (bn)	խուլ	[xul]
stom (bn)	համր	[hamr]
doofstom (bn)	խուլ ու համր	[xúl u hámr]

krankzinnig (bn)	խենթ	[xentʰ]
krankzinnig worden	խենթանալ	[xentʰanál]

gen (het)	գեն	[gen]
immuniteit (de)	իմունիտետ	[imunitét]
erfelijk (bn)	ժառանգական	[ʒarangakán]
aangeboren (bn)	բնածին	[bnatsín]

virus (het)	վարակ	[varák]
microbe (de)	մանրէ	[manré]
bacterie (de)	բակտերիա	[baktéria]
infectie (de)	վարակ	[varák]

71. Symptomen. Behandelingen. Deel 3

ziekenhuis (het)	հիվանդանոց	[hivandanótsʰ]
patiënt (de)	հիվանդ	[hivánd]

diagnose (de)	ախտորոշում	[aġtorošúm]
genezing (de)	կազդուրում	[kazdurúm]
medische behandeling (de)	բուժում	[buʒúm]
onder behandeling zijn	բուժվել	[buʒvél]
behandelen (ww)	բուժել	[bʰiʒél]
zorgen (zieken ~)	խնամել	[xnamél]
ziekenzorg (de)	խնամք	[xnamkʰ]

operatie (de)	վիրահատություն	[virahatutʰjún]
verbinden (een arm ~)	վիրակապել	[virakapél]
verband (het)	վիրակապում	[virakapúm]

vaccin (het)	պատվաստում	[patvastúm]
inenten (vaccineren)	պատվաստում անել	[patvastúm anél]
injectie (de)	ներարկում	[nerarkúm]
een injectie geven	ներարկել	[nerarkél]

aanval (de)	նոպա	[nópa]
amputatie (de)	անդամահատություն	[andamahatutʰjún]
amputeren (ww)	անդամահատել	[andamahatél]
coma (het)	կոմա	[kóma]
in coma liggen	կոմայի մեջ գտնվել	[komají médʒ ənknél]
intensieve zorg, ICU (de)	վերակենդանացում	[verakendanatsʰúm]

zich herstellen (ww)	ապաքինվել	[apakʰinvél]
toestand (de)	վիճակ	[vičák]
bewustzijn (het)	գիտակցություն	[gitaktsʰutʰjún]
geheugen (het)	հիշողություն	[hišoġutʰjún]

trekken (een kies ~)	հեռացնել	[heratsʰnél]
vulling (de)	պլոմբ	[plomb]

vullen (ww)	ununulp լցնել	[atámə lts^hnél]
hypnose (de)	հիպնոս	[hipnós]
hypnotiseren (ww)	հիպնոսացնել	[hipnosats^hnél]

72. Artsen

dokter, arts (de)	բժիշկ	[bʒišk]
ziekenzuster (de)	բուժքույր	[buʒk^hújr]
lijfarts (de)	անձնական բժիշկ	[andznakán bʒíšk]

tandarts (de)	ատամնաբույժ	[atamnabújʒ]
oogarts (de)	ակնաբույժ	[aknabújʒ]
therapeut (de)	թերապևт	[t^herapévt]
chirurg (de)	վիրաբույժ	[virabújʒ]

psychiater (de)	հոգեբույժ	[hogebújʒ]
pediater (de)	մանկաբույժ	[mankabújʒ]
psycholoog (de)	հոգեբան	[hok^hebán]
gynaecoloog (de)	գինեկոլոգ	[ginekólog]
cardioloog (de)	սրտաբան	[srtabán]

73. Geneeskunde. Medicijnen. Accessoires

geneesmiddel (het)	դեղ	[deǵ]
middel (het)	դեղամիջոց	[deǵamiʤóts^h]
voorschrijven (ww)	դուրս գրել	[durs grél]
recept (het)	դեղատոմս	[deǵatóms]

tablet (de/het)	հաբ	[hab]
zalf (de)	քսուք	[ksuk^h]
ampul (de)	ամպուլ	[ampúl]
drank (de)	հեղուկ դեղախառնուրդ	[heǵúk deχaǵarnúrd]
siroop (de)	օշարակ	[ošarák]
pil (de)	հաբ	[hab]
poeder (de/het)	փոշի	[p^hoší]

verband (het)	վիրակապ ժապավեն	[virakáp ʒapavén]
watten (mv.)	բամբակ	[bambák]
jodium (het)	յոդ	[jod]
pleister (de)	սպեղանի	[speǵaní]
pipet (de)	պիպետկա	[pipétka]
thermometer (de)	ջերմաչափ	[dʒermačáp^h]
spuit (de)	ներարկիչ	[nerarkíč]

| rolstoel (de) | սայլակ | [sajlák] |
| krukken (mv.) | հենակներ | [henaknér] |

pijnstiller (de)	ցավազրկող	[ts^havazrkóǵ]
laxeermiddel (het)	լուծողական	[lutsoǵakán]
spiritus (de)	սպիրտ	[spirt]
medicinale kruiden (mv.)	խոտաբույս	[χotabújs]
kruiden- (abn)	խոտաբուսային	[χotabusajín]

74. Roken. Tabaksproducten

tabak (de)	թութուն	[thuthún]
sigaret (de)	ծխախոտ	[ʦχaχót]
sigaar (de)	սիգար	[sigár]
pijp (de)	ծխամորճ	[ʦχamórč]
pakje (~ sigaretten)	տուփ	[tuph]

lucifers (mv.)	լուցկի	[lutshkí]
luciferdoosje (het)	լուցկու տուփ	[lutshkú túph]
aansteker (de)	կրակայրիչ	[krakajríč]
asbak (de)	մոխրաման	[moχramán]
sigarettendoosje (het)	ծխախոտատուփ	[ʦχaχotatúph]

| sigarettenpijpje (het) | ծխափող | [ʦχaphóg] |
| filter (de/het) | ֆիլտր | [filtr] |

roken (ww)	ծխել	[ʦχel]
een sigaret opsteken	ծխել	[ʦχel]
roken (het)	ծխելը	[ʦχelé]
roker (de)	ծխամոլ	[ʦχamól]

peuk (de)	ծխախոտի մնացորդ	[ʦχaχotí mnatshórd]
rook (de)	ծուխ	[ʦuχ]
as (de)	մոխիր	[moχír]

HET MENSELIJKE LEEFGEBIED

Stad

75. Stad. Het leven in de stad

stad (de)	քաղաք	[kaġakʰ]
hoofdstad (de)	մայրաքաղաք	[majrakaġakʰ]
dorp (het)	գյուղ	[gjuġ]

plattegrond (de)	քաղաքի հատակագիծ	[kʰaġakʰí hatakagíts]
centrum (ov. een stad)	քաղաքի կենտրոն	[kʰaġakʰí kentrón]
voorstad (de)	արվարձան	[arvardzán]
voorstads- (abn)	մերձքաղաքային	[merdzkʰaġakʰajín]

randgemeente (de)	ծայրամաս	[tsajramás]
omgeving (de)	շրջակայք	[šrdzakájkʰ]
blok (huizenblok)	թաղամաս	[tʰaġamás]
woonwijk (de)	բնակելի թաղամաս	[bnakelí tʰaġamás]

verkeer (het)	երթևեկություն	[ertʰevekutʰjún]
verkeerslicht (het)	լուսակիր	[lusakír]
openbaar vervoer (het)	քաղաքային տրանսպորտ	[kʰaġakʰajín transpórt]
kruispunt (het)	խաչմերուկ	[χačmerúk]

zebrapad (oversteekplaats)	անցում	[antsʰúm]
onderdoorgang (de)	գետնանցում	[getnantsʰúm]
oversteken (de straat ~)	անցնել	[antsʰnél]
voetganger (de)	հետիոտն	[hetiótn]
trottoir (het)	մայթ	[majtʰ]

brug (de)	կամուրջ	[kamúrdz]
dijk (de)	առափնյա փողոց	[arapʰnjá pʰoġótsʰ]
fontein (de)	շատրվան	[šatrván]

allee (de)	ծառուղի	[tsaruġí]
park (het)	զբոսայգի	[zbosajgí]
boulevard (de)	բուլվար	[bulvár]
plein (het)	հրապարակ	[hraparák]
laan (de)	պողոտա	[poġóta]
straat (de)	փողոց	[pʰoġótsʰ]
zijstraat (de)	նրբանցք	[nrbantsʰkʰ]
doodlopende straat (de)	փակուղի	[pʰakuġí]

huis (het)	տուն	[tun]
gebouw (het)	շենք	[šenkʰ]
wolkenkrabber (de)	երկնաքեր	[erknakʰér]
gevel (de)	ճակատամաս	[čakatamás]
dak (het)	տանիք	[tanníkʰ]

venster (het)	պատուհան	[patuhán]
boog (de)	կամար	[kamár]
pilaar (de)	սյուն	[sjun]
hoek (ov. een gebouw)	անկյուն	[ankjún]

vitrine (de)	ցուցափեղկ	[tsʰutsʰapʰéǵk]
gevelreclame (de)	ցուցանակ	[tsʰutsʰanák]
affiche (de/het)	պղպագիր	[azdagír]
reclameposter (de)	գովազդային ձգապատառ	[govazdajín dzgapastár]
aanplakbord (het)	գովազդային վահանակ	[govazdajín vahanák]

vuilnis (de/het)	աղբ	[aǵb]
vuilnisbak (de)	աղբաման	[aǵbamán]
afval weggooien (ww)	աղբոտել	[aǵbotél]
stortplaats (de)	աղբավայր	[aǵbavájr]

telefooncel (de)	հեռախոսախցիկ	[heraχosaχtsʰík]
straatlicht (het)	լապտերասյուն	[lapterasjún]
bank (de)	նստարան	[nstarán]

politieagent (de)	ոստիկան	[vostikán]
politie (de)	ոստիկանություն	[vostikanutʰjún]
zwerver (de)	մուրացկան	[muratsʰkán]
dakloze (de)	անոթևան մարդ	[anotʰeván márd]

76. Stedelijke instellingen

winkel (de)	խանութ	[χanútʰ]
apotheek (de)	դեղատուն	[deǵatún]
optiek (de)	օպտիկա	[óptika]
winkelcentrum (het)	առևտրի կենտրոն	[arevtrí kentrón]
supermarkt (de)	սուպերմարկետ	[supermarkʰétʰ]

bakkerij (de)	հացաբուլկեղենի խանութ	[hatsʰabulkeǵení χanútʰ]
bakker (de)	հացթուխ	[hatsʰtʰúχ]
banketbakkerij (de)	հրուշակեղենի խանութ	[hrušakeǵení χanútʰ]
kruidenier (de)	նպարեղենի խանութ	[npareǵení χanútʰ]
slagerij (de)	մսի խանութ	[msi χanútʰ]

| groentewinkel (de) | բանջարեղենի կրպակ | [bandzareǵení krpák] |
| markt (de) | շուկա | [šuká] |

koffiehuis (het)	սրճարան	[srčarán]
restaurant (het)	ռեստորան	[restorán]
bar (de)	գարեջրատուն	[garedzratún]
pizzeria (de)	պիցցերիա	[pitsʰería]

kapperssalon (de/het)	վարսավիրանոց	[varsaviranótsʰ]
postkantoor (het)	փոստ	[pʰost]
stomerij (de)	քիմմաքրման կետ	[kʰimmakʰrmán két]
fotostudio (de)	ֆոտոսրահ	[fotosráh]

| schoenwinkel (de) | կոշիկի սրահ | [košikí sráh] |
| boekhandel (de) | գրախանութ | [graχanútʰ] |

sportwinkel (de)	սպորտային խանութ	[sportajín xanútʰ]
kledingreparatie (de)	հագուստի վերանորոգում	[hagustí veranorogúm]
kledingverhuur (de)	հագուստի վարձույթ	[hagustí vardzújtʰ]
videotheek (de)	տեսաֆիլմերի վարձույթ	[tesafilmerí vardzújtʰ]
circus (de/het)	կրկես	[krkes]
dierentuin (de)	կենդանաբանական այգի	[kendanabanakán ajgí]
bioscoop (de)	կինոթատրոն	[kinotʰatrón]
museum (het)	թանգարան	[tʰangarán]
bibliotheek (de)	գրադարան	[gradarán]
theater (het)	թատրոն	[tʰatrón]
opera (de)	օպերա	[operá]
nachtclub (de)	գիշերային ակումբ	[gišerajín akúmb]
casino (het)	խաղատուն	[xaġatún]
moskee (de)	մզկիթ	[mzkitʰ]
synagoge (de)	սինագոգ	[sinagóg]
kathedraal (de)	տաճար	[tačár]
tempel (de)	տաճար	[tačár]
kerk (de)	եկեղեցի	[ekeġetsʰí]
instituut (het)	ինստիտուտ	[institút]
universiteit (de)	համալսարան	[hamalsarán]
school (de)	դպրոց	[dprotsʰ]
gemeentehuis (het)	ոստիկանապետություն	[vostikanapetutʰjún]
stadhuis (het)	քաղաքապետարան	[kʰaġakapetarán]
hotel (het)	հյուրանոց	[hjuranótsʰ]
bank (de)	բանկ	[bank]
ambassade (de)	դեսպանատուն	[despanatún]
reisbureau (het)	տուրիստական գործակալություն	[turistakán gortsakalutʰjún]
informatieloket (het)	տեղեկատվական բյուրո	[teġekatvakán bjuró]
wisselkantoor (het)	փոխանակման կետ	[pʰoxanakmán két]
metro (de)	մետրո	[metró]
ziekenhuis (het)	հիվանդանոց	[hivandanótsʰ]
benzinestation (het)	բենզալցակայան	[benzaltsʰakaján]
parking (de)	ավտոկայան	[avtokaján]

77. Stedelijk vervoer

bus, autobus (de)	ավտոբուս	[avtobús]
tram (de)	տրամվայ	[tramváj]
trolleybus (de)	տրոլեյբուս	[trolejbús]
route (de)	ուղի	[uġí]
nummer (busnummer, enz.)	համար	[hamár]
rijden met ...	... ով գնալ	[... ov gnal]
stappen (in de bus ~)	նստել	[nstel]
afstappen (ww)	իջնել	[idʒnél]

halte (de)	կանգառ	[kangár]
volgende halte (de)	հաջորդ կանգառ	[hadʒórd kangár]
eindpunt (het)	վերջին կանգառ	[verdʒín kangár]
dienstregeling (de)	ժամանակացույց	[ʒamanakatsʰújtsʰ]
wachten (ww)	սպասել	[spasél]

kaartje (het)	տոմս	[toms]
reiskosten (de)	տոմսի արժեքը	[tomsí arʒékʰə]

kassier (de)	տոմսավաճառ	[tomsavačár]
kaartcontrole (de)	ստուգում	[stugúm]
controleur (de)	հսկիչ	[hskič]

te laat zijn (ww)	ուշանալ	[ušanál]
missen (de bus ~)	ուշանալ ... ից	[ušanál ... ítsʰ]
zich haasten (ww)	շտապել	[štapél]

taxi (de)	տաքսի	[taksí]
taxichauffeur (de)	տաքսու վարորդ	[taksú varórd]
met de taxi (bw)	տաքսիով	[taksióv]
taxistandplaats (de)	տաքսիների կայան	[taksinerí kaján]
een taxi bestellen	տաքսի կանչել	[taksí kančél]
een taxi nemen	տաքսի վերցնել	[taksí vertsʰnél]

verkeer (het)	ճանապարհային երթևեկություն	[čanaparhajín ertʰevekutʰjún]
file (de)	խցանում	[xtsʰanúm]
spitsuur (het)	պիկ ժամ	[pík ʒám]
parkeren (nn ww.)	կանգնեցնել	[kangnetsʰnél]
parkeren (ov.ww.)	կանգնեցնել	[kangnetsʰnél]
parking (de)	ավտոկայան	[avtokaján]

metro (de)	մետրո	[metró]
halte (bijv. kleine treinhalte)	կայարան	[kajarán]
de metro nemen	մետրոյով գնալ	[metrojóv gnal]
trein (de)	գնացք	[gnatsʰkʰ]
station (treinstation)	կայարան	[kajarán]

78. Bezienswaardigheden

monument (het)	արձան	[ardzán]
vesting (de)	ամրոց	[amrótsʰ]
paleis (het)	պալատ	[palát]
kasteel (het)	դղյակ	[dǵjak]
toren (de)	աշտարակ	[aštarák]
mausoleum (het)	դամբարան	[dambarán]

architectuur (de)	ճարտարապետություն	[čartarapetutʰjún]
middeleeuws (bn)	միջնադարյան	[midʒnadarján]
oud (bn)	հինավուրց	[hinavúrtsʰ]
nationaal (bn)	ազգային	[azgajín]
bekend (bn)	հայտնի	[hajtní]
toerist (de)	զբոսաշրջիկ	[zbosašrdʒík]
gids (de)	գիդ	[gid]

rondleiding (de)	էքսկուրսիա	[ēkʰskúrsia]
tonen (ww)	ցույց տալ	[tsʰújtsʰ tal]
vertellen (ww)	պատմել	[patmél]

vinden (ww)	գտնել	[gtnel]
verdwalen (de weg kwijt zijn)	կորել	[korél]
plattegrond (~ van de metro)	սխեմա	[sχéma]
plattegrond (~ van de stad)	քարտեզ	[kʰartéz]

souvenir (het)	հուշանվեր	[hušanvér]
souvenirwinkel (de)	հուշանվերների խանութ	[hušanvernerí χanútʰ]
foto's maken	լուսանկարել	[lusankarél]
zich laten fotograferen	լուսանկարվել	[lusankarvél]

79. Winkelen

kopen (ww)	գնել	[gnel]
aankoop (de)	գնում	[gnum]
winkelen (ww)	գնումներ կատարել	[gnumnér katarél]
winkelen (het)	գնումներ	[gnumnér]

| open zijn (ov. een winkel, enz.) | աշխատել | [ašχatél] |
| gesloten zijn (ww) | փակվել | [pʰakvél] |

schoeisel (het)	կոշիկ	[košík]
kleren (mv.)	հագուստ	[hagúst]
cosmetica (mv.)	կոսմետիկա	[kosmétika]
voedingswaren (mv.)	մթերքներ	[mtʰerkʰnér]
geschenk (het)	նվեր	[nver]

| verkoper (de) | վաճառող | [vačaróg] |
| verkoopster (de) | վաճառողուհի | [vačaroǵuhí] |

kassa (de)	դրամարկղ	[dramárkġ]
spiegel (de)	հայելի	[hajelí]
toonbank (de)	վաճառասեղան	[vačarasegán]
paskamer (de)	հանդերձարան	[handerdzarán]

aanpassen (ww)	փորձել	[pʰordzél]
passen (ov. kleren)	սազել	[sazél]
bevallen (prettig vinden)	դուր գալ	[dur gal]

prijs (de)	գին	[gin]
prijskaartje (het)	գնապիտակ	[gnapiták]
kosten (ww)	արժենալ	[arʒenál]
Hoeveel?	Որքա՞ն արժե	[vorkʰán arʒé?]
korting (de)	զեղչ	[zeġč]

niet duur (bn)	ոչ թանկ	[voč tʰank]
goedkoop (bn)	էժան	[ēʒán]
duur (bn)	թանկ	[tʰank]
Dat is duur.	Սա թանկ է	[sa tʰánk ē]
verhuur (de)	վարձույթ	[vardzújtʰ]

huren (smoking, enz.)	վարձել	[vardzél]
krediet (het)	վարկ	[vark]
op krediet (bw)	վարկով	[varkóv]

80. Geld

geld (het)	դրամ	[dram]
ruil (de)	փոխանակում	[pʰoχanakúm]
koers (de)	փոխարժեք	[pʰoχarʒékʰ]
geldautomaat (de)	բանկոմատ	[bankomát]
muntstuk (de)	մետաղադրամ	[metaġadrám]

| dollar (de) | դոլլար | [dollár] |
| euro (de) | եվրո | [évro] |

lire (de)	լիրա	[líra]
Duitse mark (de)	մարկ	[mark]
frank (de)	ֆրանկ	[frank]
pond sterling (het)	ֆունտ ստերլինգ	[fúnt stérling]
yen (de)	յեն	[jen]

schuld (geldbedrag)	պարտք	[partkʰ]
schuldenaar (de)	պարտապան	[partapán]
uitlenen (ww)	պարտքով տալ	[partkʰóv tal]
lenen (geld ~)	պարտքով վերցնել	[partkʰóv vertsʰnél]

bank (de)	բանկ	[bank]
bankrekening (de)	հաշիվ	[hašív]
op rekening storten	հաշվի վրա զգել	[hašví vra gtsʰel]
opnemen (ww)	հաշվից հանել	[hašvítsʰ hanél]

kredietkaart (de)	վարկային քարտ	[varkʰajín kʰárt]
baar geld (het)	կանխիկ դրամ	[kanχík dram]
cheque (de)	չեք	[čekʰ]
een cheque uitschrijven	չեք դուրս գրել	[čekʰ durs grel]
chequeboekje (het)	չեքային գրքույկ	[čekʰajín grkʰújk]

portefeuille (de)	թղթապանակ	[tʰġtʰapanák]
geldbeugel (de)	դրամապանակ	[dramapanák]
safe (de)	չհրկիզվող պահարան	[čhrkizvóġ paharán]

erfgenaam (de)	ժառանգ	[ʒaráng]
erfenis (de)	ժառանգություն	[ʒarangutʰjún]
fortuin (het)	ունեցվածք	[unetsʰvátskʰ]

huur (de)	վարձ	[vardz]
huurprijs (de)	բնակվարձ	[bnakvárdz]
huren (huis, kamer)	վարձել	[vardzél]

prijs (de)	գին	[gin]
kostprijs (de)	արժեք	[arʒékʰ]
som (de)	գումար	[gumár]
uitgeven (geld besteden)	ծախսել	[tsaχsél]
kosten (mv.)	ծախսեր	[tsaχsér]

bezuinigen (ww)	տնտեսել	[tntesél]
zuinig (bn)	տնտեսող	[tntesóǵ]

betalen (ww)	վճարել	[včarél]
betaling (de)	վճար	[včár]
wisselgeld (het)	մանր	[manr]

belasting (de)	հարկ	[hark]
boete (de)	տուգանք	[tugánkʰ]
beboeten (bekeuren)	տուգանել	[tuganél]

81. Post. Postkantoor

postkantoor (het)	փոստ	[pʰost]
post (de)	փոստ	[pʰost]
postbode (de)	փոստատար	[pʰostatár]
openingsuren (mv.)	աշխատանքային ժամեր	[ašχatankʰajín ʒamér]

brief (de)	նամակ	[namák]
aangetekende brief (de)	պատվիրված նամակ	[patvirváts namák]
briefkaart (de)	բացիկ	[batsʰík]
telegram (het)	հեռագիր	[heragír]
postpakket (het)	ծանրոց	[tsanróts]
overschrijving (de)	դրամային փոխանցում	[dramajín pʰoχantsʰúm]

ontvangen (ww)	ստանալ	[stanál]
sturen (zenden)	ուղարկել	[uǵarkél]
verzending (de)	ուղարկում	[uǵarkúm]

adres (het)	հասցե	[hastsʰé]
postcode (de)	ինդեքս	[indéks]
verzender (de)	ուղարկող	[uǵarkóǵ]
ontvanger (de)	ստացող	[statsʰóǵ]

naam (de)	անուն	[anún]
achternaam (de)	ազգանուն	[azganún]

tarief (het)	սակագին	[sakagín]
standaard (bn)	սովորական	[sovorakán]
zuinig (bn)	տնտեսող	[tntesóǵ]

gewicht (het)	քաշ	[kʰaš]
afwegen (op de weegschaal)	կշռել	[kšrel]
envelop (de)	ծրար	[tsrar]
postzegel (de)	նամականիշ	[namakaníš]

Woning. Huis. Thuis

82. Huis. Woning

huis (het)	տուն	[tun]
thuis (bw)	տանը	[tánə]
cour (de)	բակ	[bak]
omheining (de)	պարիսպ	[parísp]
baksteen (de)	աղյուս	[aǵjús]
van bakstenen	աղյուսե	[aǵjusé]
steen (de)	քար	[kʰar]
stenen (bn)	քարե	[kʰaré]
beton (het)	բետոն	[betón]
van beton	բետոնե	[betoné]
nieuw (bn)	նոր	[nor]
oud (bn)	հին	[hin]
vervallen (bn)	խարխուլ	[χarχúl]
modern (bn)	ժամանակակից	[ʒamanakakítsʰ]
met veel verdiepingen	բարձրահարկ	[bardzrahárk]
hoog (bn)	բարձր	[bardzr]
verdieping (de)	հարկ	[hark]
met een verdieping	մեկ հարկանի	[mek harkaní]
laagste verdieping (de)	ներքևի հարկ	[nerkʰeví hárk]
bovenverdieping (de)	վերևի հարկ	[vereví hark]
dak (het)	տանիք	[taníkʰ]
schoorsteen (de)	խողովակ	[χoǵovák]
dakpan (de)	կղմինդր	[kǵmindr]
pannen- (abn)	կղմինդրե	[kǵmindré]
zolder (de)	ձեղնահարկ	[dzeǵnahárk]
venster (het)	պատուհան	[patuhán]
glas (het)	ապակի	[apakí]
vensterbank (de)	պատուհանագոգ	[patuhanagóg]
luiken (mv.)	ծածկողապիերկ	[tsatskotsʰapʰégk]
muur (de)	պատ	[pat]
balkon (het)	պատշգամբ	[patšgámb]
regenpijp (de)	ջրատար խողովակ	[dʒratár χoǵovák]
boven (bw)	վերևում	[verevúm]
naar boven gaan (ww)	բարձրանալ	[bardzranál]
afdalen (on.ww.)	իջնել	[idʒnél]
verhuizen (ww)	տեղափոխվել	[teǵapʰoχvól]

83. Huis. Ingang. Lift

ingang (de)	մուտք	[mutkʰ]
trap (de)	աստիճան	[astičán]
treden (mv.)	աստիճաններ	[astičannér]
trapleuning (de)	բազրիք	[bazríkʰ]
hal (de)	սրահ	[srah]
postbus (de)	փոստարկղ	[pʰostárkġ]
vuilnisbak (de)	աղբարկղ	[aġbárkġ]
vuilniskoker (de)	աղբատար	[aġbatár]
lift (de)	վերելակ	[verelák]
goederenlift (de)	բեռնատար վերելակ	[bernatár verelák]
liftcabine (de)	խցիկ	[xtsʰik]
appartement (het)	բնակարան	[bnakarán]
bewoners (mv.)	բնակիչներ	[bnakičnér]
buurman (de)	հարևան	[hareván]
buurvrouw (de)	հարևանուհի	[harevanuhí]
buren (mv.)	հարևաններ	[harevannér]

84. Huis. Deuren. Sloten

deur (de)	դուռ	[dur]
toegangspoort (de)	դարբաս	[darbás]
deurkruk (de)	բռնակ	[brnak]
ontsluiten (ontgrendelen)	բացել	[batsʰél]
openen (ww)	բացել	[batsʰél]
sluiten (ww)	փակել	[pʰakél]
sleutel (de)	բանալի	[banalí]
sleutelbos (de)	կապոց	[kapótsʰ]
knarsen (bijv. scharnier)	ճռալ	[čral]
knarsgeluid (het)	ճռռոց	[črotsʰ]
scharnier (het)	ծխնի	[tsxni]
deurmat (de)	փռոցր գորգ	[pʰokʰr gorg]
slot (het)	փական	[pʰakán]
sleutelgat (het)	փականի անցք	[pʰakaní ántsʰkʰ]
grendel (de)	սողնակ	[soġnák]
schuif (de)	սողնակ	[soġnák]
hangslot (het)	կողպեք	[koġpékʰ]
aanbellen (ww)	զանգել	[zangél]
bel (geluid)	զանգ	[zang]
deurbel (de)	զանգ	[zang]
belknop (de)	կոճակ	[kočák]
geklop (het)	թակոց	[tʰakótsʰ]
kloppen (ww)	թակել	[tʰakél]
code (de)	կոդ	[kod]
cijferslot (het)	կոդային փական	[kodajín pʰakán]

parlofoon (de)	դոմոֆոն	[domofón]
nummer (het)	համար	[hamár]
naambordje (het)	ցուցանակ	[tsʰutsʰanák]
deurspion (de)	դիտանցք	[ditántsʰkʰ]

85. Huis op het platteland

dorp (het)	գյուղ	[gjuġ]
moestuin (de)	բանջարանոց	[bandʒaranótsʰ]
hek (het)	ցանկապատ	[tsʰankapát]
houten hekwerk (het)	ցանկապատ	[tsʰankapát]
tuinpoortje (het)	դռնակ	[drnak]

| graanschuur (de) | շտեմարան | [štemarán] |
| wortelkelder (de) | մառան | [marán] |

| schuur (de) | գոմ, ախոռ | [tsʰaχanótsʰ] |
| waterput (de) | ջրհոր | [dʒrhor] |

kachel (de)	վառարան	[vararán]
de kachel stoken	վառել	[varél]
brandhout (het)	վառելափայտ	[varelapʰájt]
houtblok (het)	ծղան	[tsġan]

| veranda (de) | պատշգամբ | [patšgámb] |
| terras (het) | տեռաս | [terás] |

| bordes (het) | սանդղամուտք | [sandġamútkʰ] |
| schommel (de) | ճօճանակ | [čočanák] |

86. Kasteel. Paleis

kasteel (het)	դղյակ	[dġjak]
paleis (het)	պալատ	[palát]
vesting (de)	ամրոց	[amrótsʰ]

ringmuur (de)	պատ	[pat]
toren (de)	աշտարակ	[aštarák]
donjon (de)	գլխավոր աշտարակ	[glχavór aštarák]

valhek (het)	բարձրացվող դարբաս	[bardzratsʰvóġ darbás]
onderaardse gang (de)	գետնանցում	[getnantsʰúm]
slotgracht (de)	փոս	[pʰos]

| ketting (de) | շղթա | [šġtʰa] |
| schietgat (het) | հրակնատ | [hraknát] |

| prachtig (bn) | հոյակապ | [hojakáp] |
| majestueus (bn) | վեհասքանչ | [vehaskʰánč] |

| onneembaar (bn) | անառիկ | [anarík] |
| middeleeuws (bn) | միջնադարյան | [miʤnadarján] |

81

87. Appartement

appartement (het)	բնակարան	[bnakarán]
kamer (de)	սենյակ	[senják]
slaapkamer (de)	ննջարան	[nndʒarán]
eetkamer (de)	ճաշասենյակ	[čašasenják]
salon (de)	հյուրասենյակ	[hjurasenják]
studeerkamer (de)	աշխատասենյակ	[ašxatasenják]

gang (de)	նախասենյակ	[naxasenják]
badkamer (de)	լոգարան	[logarán]
toilet (het)	զուգարան	[zugarán]

plafond (het)	առաստաղ	[arastáģ]
vloer (de)	հատակ	[haták]
hoek (de)	անկյուն	[ankjún]

88. Appartement. Schoonmaken

schoonmaken (ww)	հավաքել	[havakʰél]
opbergen (in de kast, enz.)	հավաքել	[havakʰél]
stof (het)	փոշի	[pʰoší]
stoffig (bn)	փոշոտ	[pʰošót]
stoffen (ww)	փոշին սրբել	[pʰošín srbél]
stofzuiger (de)	փոշեկուլ	[pʰošekúl]
stofzuigen (ww)	փոշեկուլով մաքրել	[pʰošekulóv makʰrél]

vegen (de vloer ~)	ավլել	[avlél]
veegsel (het)	աղբ	[aģb]
orde (de)	կարգ ու կանոն	[kárg u kanón]
wanorde (de)	խառնաշփոթ	[xarnašpʰótʰ]

zwabber (de)	շվաբր	[švabr]
poetsdoek (de)	ջնջոց	[dʒndʒotsʰ]
veger (de)	ավել	[avél]
stofblik (het)	աղբակալ	[aģbakál]

89. Meubels. Interieur

meubels (mv.)	կահույք	[kahújkʰ]
tafel (de)	սեղան	[seģán]
stoel (de)	աթոռ	[atʰór]
bed (het)	մահճակալ	[mahčakál]
bankstel (het)	բազմոց	[bazmótsʰ]
fauteuil (de)	բազկաթոռ	[bazkatʰór]

| boekenkast (de) | գրապահարան | [grapaharán] |
| boekenrek (het) | դարակ | [darák] |

| kledingkast (de) | պահարան | [paharán] |
| kapstok (de) | կախարան | [kaxarán] |

staande kapstok (de)	կախիչ	[kaχótsʰ]
commode (de)	կոմոդ	[komód]
salontafeltje (het)	սեղանիկ	[seganík]

spiegel (de)	հայելի	[hajelí]
tapijt (het)	գորգ	[gorg]
tapijtje (het)	փոքր գորգ	[pʰokʰr gorg]

haard (de)	բուխարի	[buχarí]
kaars (de)	մոմ	[mom]
kandelaar (de)	մոմակալ	[momakál]

gordijnen (mv.)	վարագույր	[varagújr]
behang (het)	պաստառ	[pastár]
jaloezie (de)	շերտավարագույր	[šertavaragújr]

bureaulamp (de)	սեղանի լամպ	[seganí lámp]
wandlamp (de)	ջահ	[dʒah]
staande lamp (de)	հատորաջահ	[dzoǵadʒáh]
luchter (de)	ջահ	[dʒah]

poot (ov. een tafel, enz.)	ոտիկ	[totík]
armleuning (de)	արմնկակալ	[armnkakál]
rugleuning (de)	թիկնակ	[tʰiknák]
la (de)	դարակ	[darák]

90. Boddengoed

beddengoed (het)	սպիտակեղեն	[spitakeǵén]
kussen (het)	բարձ	[bardz]
kussenovertrek (de)	բարձի երես	[bardzí erés]
deken (de)	վերմակ	[vermák]
laken (het)	սավան	[saván]
sprei (de)	ծածկոց	[tsatskótsʰ]

91. Keuken

keuken (de)	խոհանոց	[χohanótsʰ]
gas (het)	գազ	[gaz]
gasfornuis (het)	գազօջախ	[gazodʒáχ]
elektrisch fornuis (het)	էլեկտրական սալօջախ	[ēlektrakán salodʒáχ]
oven (de)	ջեռոց	[dʒerótsʰ]
magnetronoven (de)	միկրոալիքային վառարան	[mikroalikʰajín vararán]

koelkast (de)	սառնարան	[sarnarán]
diepvriezer (de)	սառնախցիկ	[sarnaχtsʰík]
vaatwasmachine (de)	աման լվացող մեքենա	[amán lvatsʰóǵ mekʰená]

vleesmolen (de)	մսաղաց	[msaǵátsʰ]
vruchtenpers (de)	հյութարամիչ	[hjutʰakʰamíč]
toaster (de)	տոստեր	[tostér]
mixer (de)	հարիչ	[haríč]

koffiemachine (de)	սրճեփ	[srčepʰ]
koffiepot (de)	սրճաման	[srčamán]
koffiemolen (de)	սրճաղաց	[srčaġátsʰ]

fluitketel (de)	թեյնիկ	[tʰejník]
theepot (de)	թեյաման	[tʰejamán]
deksel (de/het)	կափարիչ	[kapʰaríč]
theezeefje (het)	թեյքամիչ	[tʰejkʰamíč]

lepel (de)	գդալ	[gdal]
theelepeltje (het)	թեյի գդալ	[tʰeji gdal]
eetlepel (de)	ճաշի գդալ	[čaši gdal]
vork (de)	պատառաքաղ	[patarakʰáġ]
mes (het)	դանակ	[danák]

vaatwerk (het)	սպասք	[spaskʰ]
bord (het)	ափսե	[apʰsé]
schoteltje (het)	պնակ	[pnak]

likeurglas (het)	ըմպանակ	[əmpanák]
glas (het)	բաժակ	[baʒák]
kopje (het)	բաժակ	[baʒák]

suikerpot (de)	շաքարաման	[šakʰaramán]
zoutvat (het)	աղաման	[aġamán]
pepervat (het)	պղպեղաման	[pġpeġamán]
boterschaaltje (het)	կարագի աման	[karagí amán]

pan (de)	կաթսա	[katʰsá]
bakpan (de)	թավա	[tʰavá]
pollepel (de)	շերեփ	[šerépʰ]
vergiet (de/het)	քամիչ	[kʰamíč]
dienblad (het)	սկուտեղ	[skutéġ]

fles (de)	շիշ	[šiš]
glazen pot (de)	բանկա	[banká]
blik (conserven~)	տարա	[tará]

flesopener (de)	բացիչ	[batsʰíč]
blikopener (de)	բացիչ	[batsʰíč]
kurkentrekker (de)	խցանահան	[xtsʰanahán]
filter (de/het)	զտիչ	[ztíč]
filteren (ww)	զտել	[ztel]

huisvuil (het)	աղբ	[aġb]
vuilnisemmer (de)	աղբի դույլ	[aġbi dújl]

92. Badkamer

badkamer (de)	լոգարան	[logarán]
water (het)	ջուր	[dʒur]
kraan (de)	ծորակ	[tsorák]
warm water (het)	տաք ջուր	[takʰ dʒur]
koud water (het)	սառը ջուր	[sárə dʒur]

tandpasta (de)	ատամի մածուկ	[atamí matsúk]
tanden poetsen (ww)	ատամներր մաքրել	[atamnérə makʰrél]
zich scheren (ww)	սափրվել	[sapʰrvél]
scheercrème (de)	սափրվելու փրփուր	[sapʰrvelú prpur]
scheermes (het)	ածելի	[atselí]
wassen (ww)	լվանալ	[lvanál]
een bad nemen	լվացվել	[lvatsʰvél]
douche (de)	ցնցուղ	[tsʰntsʰuǵ]
een douche nemen	դուշ ընդունել	[dúš əndunél]
bad (het)	լողարան	[loǵarán]
toiletpot (de)	զուգարանակոնք	[zugaranakónkʰ]
wastafel (de)	լվացարան	[lvatsʰarán]
zeep (de)	օճառ	[očár]
zeepbakje (het)	օճառաման	[očaramán]
spons (de)	սպունգ	[spung]
shampoo (de)	շամպուն	[šampún]
handdoek (de)	սրբիչ	[srbič]
badjas (de)	խալաթ	[χalátʰ]
was (bijv. handwas)	լվացք	[lvatsʰkʰ]
wasmachine (de)	լվացքի մեքենա	[lvatsʰkʰí mekená]
de was doen	սպիտակեղեն լվալ	[spitakeǵén lvál]
waspoeder (de)	լվացքի փոշի	[lvatsʰkʰí pʰoší]

93. Huishoudelijke apparaten

televisie (de)	հեռուստացույց	[herustatsʰújtsʰ]
cassettespeler (de)	մագնիտոֆոն	[magnitofón]
videorecorder (de)	տեսամագնիտոֆոն	[tesamagnitofón]
radio (de)	ընդունիչ	[ənduníč]
speler (de)	նվագարկիչ	[nvagarkíč]
videoprojector (de)	տեսապրոյեկտոր	[tesaproektór]
home theater systeem (het)	տնային կինոթատրոն	[tʰnajín kinotʰatrón]
DVD-speler (de)	DVD նվագարկիչ	[dividí nvagarkíč]
versterker (de)	ուժեղացուցիչ	[uʒeǵatsʰutsʰíč]
spelconsole (de)	խաղային համակարգիչ	[χaǵajín hamakargíč]
videocamera (de)	տեսախցիկ	[tesaχtsʰík]
fotocamera (de)	լուսանկարչական ապարատ	[lusankarčakán aparát]
digitale camera (de)	թվային լուսանկարչական ապարատ	[tʰvajín lusankarčakán aparát]
stofzuiger (de)	փոշեկուլ	[pʰošekúl]
strijkijzer (het)	արդուկ	[ardúk]
strijkplank (de)	արդուկի տախտակ	[ardukí taχták]
telefoon (de)	հեռախոս	[heraχós]
mobieltje (het)	բջջային հեռախոս	[bʤʤajín horaχós]

85

| schrijfmachine (de) | տպող մեքենա | [tpóǵ mekʰená] |
| naaimachine (de) | կարի մեքենա | [kʰarí mekʰená] |

microfoon (de)	միկրոֆոն	[mikrofón]
koptelefoon (de)	ականջակալներ	[akandʒakalnér]
afstandsbediening (de)	հեռակառավարման վահանակ	[herakaravarmán vahanák]

CD (de)	խտասկավառակ	[xtaskavarák]
cassette (de)	ձայներիզ	[dzajneríz]
vinylplaat (de)	սկավառակ	[skavarák]

94. Reparaties. Renovatie

renovatie (de)	վերանորոգում	[veranorogúm]
renoveren (ww)	վերանորոգում անել	[veranorogúm anél]
repareren (ww)	վերանորոգել	[veranorogél]
op orde brengen	կարգի բերել	[kargí berél]
overdoen (ww)	ձևափոխել	[dzevapʰoxél]

verf (de)	ներկ	[nerk]
verven (muur ~)	ներկել	[nerkél]
schilder (de)	ներկարար	[nerkarár]
kwast (de)	վրձին	[vrdzin]

| kalk (de) | սպիտակածեփ | [spitakatsépʰ] |
| kalken (ww) | սպիտակեցնել | [spitaketsʰnél] |

behang (het)	պաստառ	[pastár]
behangen (ww)	պաստառապատել	[pastarapatél]
lak (de/het)	լաք	[lakʰ]
lakken (ww)	լաքապատել	[lakʰapatél]

95. Loodgieterswerk

water (het)	ջուր	[dʒur]
warm water (het)	տաք ջուր	[takʰ dʒur]
koud water (het)	սառը ջուր	[sárə dʒur]
kraan (de)	ծորակ	[tsorák]

druppel (de)	կաթիլ	[katʰíl]
druppelen (ww)	կաթել	[katʰél]
lekken (een lek hebben)	արտահոսել	[artahosél]
lekkage (de)	արտահոսք	[artahóskʰ]
plasje (het)	ջրակույտ	[dʒrakújt]

buis, leiding (de)	խողովակ	[xoǵovák]
stopkraan (de)	փական	[pʰakán]
verstopt raken (ww)	խցանվել	[xtsʰanvél]

| gereedschap (het) | գործիքներ | [gortsikʰnér] |
| Engelse sleutel (de) | բացովի մանեկակապարձակ | [batsʰoví manekadardzák] |

losschroeven (ww)	եռ պտոտել	[et pttel]
aanschroeven (ww)	ձգել	[dzgel]

ontstoppen (riool, enz.)	մաքրել	[makʰrél]
loodgieter (de)	սանտեխնիկ	[santeχník]
kelder (de)	նկուղ	[nkuǵ]
riolering (de)	կոյուղի	[kojuǵí]

96. Brand. Vuurzee

brand (de)	կրակ	[krak]
vlam (de)	բոց	[botsʰ]
vonk (de)	կայծ	[kajts]
rook (de)	ծուխ	[tsuχ]
fakkel (de)	ջահ	[dʒah]
kampvuur (het)	խարույկ	[χarújk]

benzine (de)	բենզին	[benzín]
kerosine (de)	նավթ	[navtʰ]
brandbaar (bn)	դյուրավառ	[djuravár]
ontplofbaar (bn)	պայթյունավտանգ	[pajtʰunavtáng]
VERBODEN TE ROKEN!	ՉԾԽԵԼ	[čtsχél!]

veiligheid (de)	անվտանգություն	[anvtangutʰjún]
gevaar (het)	վտանգ	[vtang]
gevaarlijk (bn)	վտանգավոր	[vtangavór]

in brand vliegen (ww)	բռնկվել	[brnkvel]
explosie (de)	պայթյուն	[pajtʰjún]
in brand steken (ww)	հրկիզել	[hrkizél]
brandstichter (de)	հրկիզող	[hrkizóǵ]
brandstichting (de)	հրկիզում	[hrkizúm]

vlammen (ww)	բոցավառվել	[botsʰavarvél]
branden (ww)	այրվել	[ajrvél]
afbranden (ww)	այրվել	[ajrvél]

brandweerman (de)	հրդեհային	[hrdehajín]
brandweerwagen (de)	հրշեջ մեքենա	[hršédʒ mekʰená]
brandweer (de)	հրշեջ ջոկատ	[hršédʒ dʒokát]
uitschuifbare ladder (de)	հրդեհաշեջ սանդուղք	[hrdehašédʒ sandúǵkʰ]

brandslang (de)	փող	[pʰóǵ]
brandblusser (de)	կրակմարիչ	[krakmaríč]
helm (de)	սաղավարտ	[saǵavárt]
sirene (de)	շչակ	[ščak]

roepen (ww)	ճչալ	[čečál]
hulp roepen	օգնության կանչել	[ognutʰján kančél]
redder (de)	փրկարար	[pʰrkarár]
redden (ww)	փրկել	[pʰrkel]

aankomen (per auto, enz.)	ժամանել	[ʒamanél]
blussen (ww)	հանգցնել	[hangtsʰnél]

water (het)	ջուր	[dʒur]
zand (het)	ավազ	[aváz]

ruïnes (mv.)	փլատակներ	[pʰlataknér]
instorten (gebouw, enz.)	փլատակվել	[pʰlatakvél]
ineenstorten (ww)	փուլ գալ	[pʰul gal]
inzakken (ww)	փլվել	[pʰlvel]

brokstuk (het)	բեկոր	[bekór]
as (de)	մոխիր	[moχír]

verstikken (ww)	խեղդվել	[χeġdvél]
omkomen (ww)	մեռնել	[mernél]

MENSELIJKE ACTIVITEITEN

Baan. Business. Deel 1

97. Bankieren

bank (de)	բանկ	[bank]
bankfiliaal (het)	բաժանմունք	[baʒanmúnkʰ]
bankbediende (de)	խորհրդատու	[χorhrdatú]
manager (de)	կառավարիչ	[karavaríč]
bankrekening (de)	հաշիվ	[hašív]
rekeningnummer (het)	հաշվի համար	[hašví hamár]
lopende rekening (de)	ընթացիկ հաշիվ	[əntʰatsʰík hašív]
spaarrekening (de)	կուտակային հաշիվ	[kutakajín hašív]
een rekening openen	հաշիվ բացել	[hašív batsʰél]
de rekening sluiten	հաշիվ փակել	[hašív pʰakél]
op rekening storten	հաշվի վրա զգել	[hašví vra gtsʰel]
opnemen (ww)	հաշվից հանել	[hašvítsʰ hanél]
storting (de)	ավանդ	[avánd]
een storting maken	ավանդ ներդնել	[avánd nerdnél]
overschrijving (de)	փոխանցում	[pʰoχantsʰúm]
een overschrijving maken	փոխանցում կատարել	[pʰoχantsʰúm katarél]
som (de)	գումար	[gumár]
Hoeveel?	Որքա՞ն	[vorkʰán?]
handtekening (de)	ստորագրություն	[storagrutʰjún]
ondertekenen (ww)	ստորագրել	[storagrél]
kredietkaart (de)	վարկային քարտ	[varkʰajín kʰárt]
code (de)	կոդ	[kod]
kredietkaartnummer (het)	վարկային քարտի համար	[varkʰajín kʰartí hamár]
geldautomaat (de)	բանկոմատ	[bankomát]
cheque (de)	չեք	[čekʰ]
een cheque uitschrijven	չեք դուրս գրել	[čekʰ durs grel]
chequeboekje (het)	չեքային գրքույկ	[čekʰajín grkʰújk]
lening, krediet (de)	վարկ	[vark]
een lening aanvragen	դիմել վարկ ստանալու համար	[dimél várk stanalú hamár]
een loning nemen	վարկ վերցնել	[vark vertsʰnél]
een lening verlenen	վարկ տրամադրել	[vark tramadrél]
garantie (de)	գրավական	[gravakán]

89

98. Telefoon. Telefoongesprek

telefoon (de)	հեռախոս	[heraχós]
mobieltje (het)	բջջային հեռախոս	[bdʒdʒajín heraχós]
antwoordapparaat (het)	ինքնապատասխանիչ	[inkʰnapatasχaníč]

| bellen (ww) | զանգահարել | [zangaharél] |
| belletje (telefoontje) | զանգ | [zang] |

een nummer draaien	համարը հավաքել	[hamárə havakʰél]
Hallo!	Ալո՛	[aló!]
vragen (ww)	հարցնել	[hartsʰnél]
antwoorden (ww)	պատասխանել	[patasχanél]

horen (ww)	լսել	[lsel]
goed (bw)	լավ	[lav]
slecht (bw)	վատ	[vat]
storingen (mv.)	խանգարումներ	[χangarumnér]

hoorn (de)	լսափող	[lsapʰóǵ]
opnemen (ww)	լսափողը վերցնել	[lsapʰóǵə vertsʰnél]
ophangen (ww)	լսափողը դնել	[lsapʰóǵə dnél]

bezet (bn)	զբաղված	[zbaǵváts]
overgaan (ww)	զանգել	[zangél]
telefoonboek (het)	հեռախոսագիրք	[heraχosagírkʰ]

lokaal (bn)	տեղային	[teǵajín]
interlokaal (bn)	միջքաղաքային	[midʒkaǵakʰajín]
buitenlands (bn)	միջազգային	[midʒazgajín]

99. Mobiele telefoon

mobieltje (het)	բջջային հեռախոս	[bdʒdʒajín heraχós]
scherm (het)	էկրան	[ēkrán]
toets, knop (de)	կոճակ	[kočák]
simkaart (de)	SIM-քարտ	[sim kʰart]

batterij (de)	մարտկոց	[martkótsʰ]
leeg zijn (ww)	լիցքաթափվել	[litsʰkʰatʰapʰvél]
acculader (de)	լիցքավորման սարք	[litsʰkavormán sárkʰ]

menu (het)	մենյու	[menjú]
instellingen (mv.)	լարք	[larkʰ]
melodie (beltoon)	մեղեդի	[meǵedí]
selecteren (ww)	ընտրել	[əntrél]

rekenmachine (de)	հաշվիչ	[hašvíč]
voicemail (de)	ինքնապատասխանիչ	[inkʰnapatasχaníč]
wekker (de)	զարթուցիչ	[zartʰutsʰíč]
contacten (mv.)	հեռախոսագիրք	[heraχosagírkʰ]
SMS-bericht (het)	SMS-հաղորդագրություն	[SMS haǵordagrutʰjún]
abonnee (de)	բաժանորդ	[baʒanórd]

100. Schrijfbehoeften

| balpen (de) | ինքնահոս գրիչ | [inkʰnahós gríč] |
| vulpen (de) | փետրավոր գրիչ | [pʰetravór grič] |

potlood (het)	մատիտ	[matít]
marker (de)	նշիչ	[nšič]
viltstift (de)	ֆլոմաստեր	[flomastér]

| notitieboekje (het) | նոթատետր | [notʰatétr] |
| agenda (boekje) | օրագիրք | [oragírkʰ] |

liniaal (de/het)	քանոն	[kʰanón]
rekenmachine (de)	հաշվիչ	[hašvíč]
gom (de)	ռետին	[retín]
punaise (de)	սեղնակ	[severák]
paperclip (de)	ամրակ	[amrák]

lijm (de)	սոսինձ	[sosíndz]
nietmachine (de)	ճարմանդակարիչ	[čarmandakaríč]
perforator (de)	ծակոտիչ	[tsakotíč]
potloodslijper (de)	սրիչ	[srič]

Baan. Business. Deel 2

101. Massamedia

krant (de)	թերթ	[tʰertʰ]
tijdschrift (het)	ամսագիր	[amsagír]
pers (gedrukte media)	մամուլ	[mamúl]
radio (de)	ռադիո	[rádio]
radiostation (het)	ռադիոկայան	[radiokaján]
televisie (de)	հեռուստատեսություն	[herustatesutʰjún]

presentator (de)	հաղորդավար	[haġordavár]
nieuwslezer (de)	հաղորդավար	[haġordavár]
commentator (de)	մեկնաբան	[meknabán]

journalist (de)	լրագրող	[lragróġ]
correspondent (de)	թղթակից	[tʰġtʰakítsʰ]
fotocorrespondent (de)	ֆոտոթղթակից	[fototʰġtʰakítsʰ]
reporter (de)	լրագրող	[lragróġ]

redacteur (de)	խմբագիր	[χmbagír]
chef-redacteur (de)	գլխավոր խմբագիր	[glχavór χmbagír]

zich abonneren op	բաժանորդագրվել	[baʒanordagrvél]
abonnement (het)	բաժանորդագրություն	[baʒanordagrutʰjún]
abonnee (de)	բաժանորդագիր	[baʒanordagír]
lezen (ww)	ընթերցել	[əntʰertsʰél]
lezer (de)	ընթերցող	[əntʰertsʰóġ]

oplage (de)	տպաքանակ	[tpakʰanák]
maand-, maandelijks (bn)	ամսական	[amsakán]
wekelijks (bn)	շաբաթական	[šabatʰakán]
nummer (het)	համար	[hamár]
vers (~ van de pers)	թարմ	[tʰarm]

kop (de)	վերնագիր	[vernagír]
korte artikel (het)	նյութ	[njutʰ]
rubriek (de)	խորագիր	[χoragír]
artikel (het)	հոդված	[hodváts]
pagina (de)	էջ	[ēdʒ]

reportage (de)	լրահաղորդում	[lrahaġordúm]
gebeurtenis (de)	դեպք	[depkʰ]
sensatie (de)	սենսացիա	[sensátsʰia]
schandaal (het)	սկանդալ	[skandál]
schandalig (bn)	սկանդալային	[skandalajín]
groot (~ schandaal, enz.)	մեծ	[mets]

programma (het)	հաղորդում	[haġordúm]
interview (het)	հարցազրույց	[hartsʰazrújtsʰ]

| live uitzending (de) | ուղիղ հեռարձակում | [uġíġ herardzakúm] |
| kanaal (het) | ալիք | [alíkʰ] |

102. Landbouw

landbouw (de)	գյուղատնտեսություն	[gjuġatntesutʰjún]
boer (de)	գյուղացի	[gjuġatsʰí]
boerin (de)	գյուղացի	[gjuġatsʰí]
landbouwer (de)	ֆերմեր	[fermér]

| tractor (de) | տրակտոր | [traktór] |
| maaidorser (de) | կոմբայն | [kombájn] |

ploeg (de)	գութան	[gutʰán]
ploegen (ww)	վարել	[varél]
akkerland (het)	վարելահող	[varelahóġ]
voor (de)	ակոս	[akós]

zaaien (ww)	ցանել	[tsʰanél]
zaaimachine (de)	սերմնացան մեքենա	[sermnatsʰán mekʰená]
zaaien (het)	ցանք	[tsʰankʰ]

| zeis (de) | գերանդի | [gerandí] |
| maaien (ww) | հնձել | [hndzél] |

| schop (de) | բահ | [bah] |
| spitten (ww) | փորել | [pʰorél] |

schoffel (de)	քացին	[katsʰín]
wieden (ww)	քաղհանել	[kʰaġhanél]
onkruid (het)	մոլախոт	[molaχót]

gieter (de)	ցնցուղ	[tsʰntsʰuġ]
begieten (water geven)	ոռոգել	[vorogél]
bewatering (de)	ոռոգում	[vorogúm]

| riek, hooivork (de) | եղան | [eġán] |
| hark (de) | փոսխ | [pʰosχ] |

kunstmest (de)	պարարտանյութ	[parartanjútʰ]
bemesten (ww)	պարարտացնել	[parartatsʰnél]
mest (de)	թրիք	[tʰrikʰ]

veld (het)	դաշտ	[dašt]
wei (de)	մարգագետին	[margagetín]
moestuin (de)	բանջարանոց	[bandzaranótsʰ]
boomgaard (de)	այգի	[ajgí]

weiden (ww)	արածացնել	[aratsatsʰnél]
herder (de)	հովիվ	[hovív]
weiland (de)	արոտավայր	[arotavájr]

| veehouderij (de) | անասնապրություն | [anasnabutsutʰjún] |
| schapenteelt (de) | ոչխարաբուծություն | [vočχarabutsutʰjún] |

plantage (de)	պլանտացիա	[plantáts^hia]
rijtje (het)	մարգ	[marg]
broeikas (de)	ջերմոց	[dʒermóts^h]

droogte (de)	երաշտ	[erášt]
droog (bn)	չորային	[čorajín]

graangewassen (mv.)	հացաբույսեր	[hats^habujsér]
oogsten (ww)	բերքահավաքել	[berk^hahavak^hél]

molenaar (de)	ջրաղացպան	[dʒraġats^hpán]
molen (de)	ալրաղաց	[alraġáts^h]
malen (graan ~)	ցորեն աղալ	[ts^horén aġál]
bloem (bijv. tarwebloem)	ալյուր	[aljúr]
stro (het)	ծղոտ	[tsġot]

103. Gebouw. Bouwproces

bouwplaats (de)	շինարարություն	[šinararut^hjún]
bouwen (ww)	կառուցել	[karuts^hél]
bouwvakker (de)	շինարար	[šinarár]

project (het)	նախագիծ	[naχagíts]
architect (de)	ճարտարապետ	[čartarapét]
arbeider (de)	բանվոր	[banvór]

fundering (de)	հիմք	[himk^h]
dak (het)	տանիք	[taník^h]
heipaal (de)	ցցագերան	[ts^hts^hagerán]
muur (de)	պատ	[pat]

betonstaal (het)	ամրան	[amrán]
steigers (mv.)	շինափայտ	[šinap^hájt]

beton (het)	բետոն	[betón]
graniet (het)	գրանիտ	[granít]
steen (de)	քար	[k^har]
baksteen (de)	աղյուս	[aġjús]

zand (het)	ավազ	[aváz]
cement (de/het)	ցեմենտ	[ts^hemént]
pleister (het)	ծեփ	[tsep^h]
pleisteren (ww)	սվաղել	[svaġél]

verf (de)	ներկ	[nerk]
verven (muur ~)	ներկել	[nerkél]
ton (de)	տակառ	[takár]

kraan (de)	ամբարձիչ	[ambardzíč]
heffen, hijsen (ww)	բարձրացնել	[bardzrats^hnél]
neerlaten (ww)	իջեցնել	[idʒets^hnél]

bulldozer (de)	բուլդոզեր	[buldozér]
graafmachine (de)	էքսկավատոր	[ēk^hskavatór]

graafbak (de)	շերեփ	[šerépʰ]
graven (tunnel, enz.)	փորել	[pʰorél]
helm (de)	սաղավարտ	[saġavárt]

Beroepen en ambachten

104. Zoeken naar werk. Ontslag

baan (de)	աշխատանք	[ašχatánkʰ]
personeel (het)	աշխատակազմ	[ašχatakázm]
carrière (de)	կարիերա	[karéra]
vooruitzichten (mv.)	հեռանկար	[herankár]
meesterschap (het)	վարպետություն	[varpetutʰjún]
keuze (de)	ընտրություն	[əntrutʰjún]
uitzendbureau (het)	աշխատանքի տեղավորման գործակալություն	[ašχatankʰí teġavormán gortsakalutʰjún]
CV, curriculum vitae (het)	ինքնակենսագրություն	[inkʰnakensagrutʰjún]
sollicitatiegesprek (het)	հարցազրույց	[hartsʰazrújtsʰ]
vacature (de)	թափուր աշխատատեղ	[tʰapʰúr ašχatatéġ]
salaris (het)	աշխատավարձ	[ašχatavárdz]
vaste salaris (het)	դրույք	[drujkʰ]
loon (het)	վարձավճար	[vardzavčár]
betrekking (de)	պաշտոն	[paštón]
taak, plicht (de)	պարտականություն	[partakanutʰjún]
takenpakket (het)	շրջանակ	[šrdʒanák]
bezig (~ zijn)	զբաղված	[zbaġváts]
ontslagen (ww)	հեռացնել	[heratsʰnél]
ontslag (het)	հեռացում	[heratsʰúm]
werkloosheid (de)	գործազրկություն	[gortsazrkutʰjún]
werkloze (de)	գործազուրկ	[gortsazúrk]
pensioen (het)	թոշակ	[tʰošák]
met pensioen gaan	թոշակի գնալ	[tʰošakí gnál]

105. Zakenmensen

directeur (de)	տնօրեն	[tnorén]
beheerder (de)	կառավարիչ	[karavaríč]
hoofd (het)	ղեկավար	[ġekavár]
baas (de)	պետ	[pet]
superieuren (mv.)	ղեկավարություն	[ġekavarutʰjún]
president (de)	նախագահ	[naχagáh]
voorzitter (de)	նախագահ	[naχagáh]
adjunct (de)	տեղակալ	[teġakál]
assistent (de)	օգնական	[ognakán]

secretaris (de)	քարտուղար	[kʰartuǵár]
persoonlijke assistent (de)	անձնական քարտուղար	[andznakán kʰartuǵár]
zakenman (de)	գործարար	[gortsarár]
ondernemer (de)	ձեռներեց	[dzernerétsʰ]
oprichter (de)	հիմնադիր	[himnadír]
oprichten	հիմնադրել	[himnadrél]
(een nieuw bedrijf ~)		
stichter (de)	սահմանադրող	[sahmmanadróǵ]
partner (de)	գործընկեր	[gortsankér]
aandeelhouder (de)	բաժնետեր	[baʒnetér]
miljonair (de)	միլիոնատեր	[milionatér]
miljardair (de)	միլիարդեր	[miliardatér]
eigenaar (de)	սեփականատեր	[sepʰakanatér]
landeigenaar (de)	հողատեր	[hoǵatér]
klant (de)	հաճախորդ	[hačaxórd]
vaste klant (de)	մշտական հաճախորդ	[mštakán hačaxórd]
koper (de)	գնորդ	[gnord]
bezoeker (de)	հաճախորդ	[hačaxórd]
professioneel (de)	պրոֆեսիոնալ	[profesionál]
expert (de)	փորձագետ	[pʰordzagét]
specialist (de)	մասնագետ	[masnagét]
bankier (de)	բանկատեր	[bankatér]
makelaar (de)	բրոկեր	[bróker]
kassier (de)	գանձապah	[gandzapáh]
boekhouder (de)	հաշվապah	[hašvapáh]
bewaker (de)	անվտանգության	[anvtangutʰján
	աշխատակից	ašxatakítsʰ]
investeerder (de)	ներդրող	[nerdróǵ]
schuldenaar (de)	պարտապան	[partapán]
crediteur (de)	վարկառու	[varkarú]
lener (de)	փոխառու	[pʰoxarú]
importeur (de)	ներկրող	[nerkróǵ]
exporteur (de)	արտահանող	[artahanóǵ]
producent (de)	արտադրող	[artadróǵ]
distributeur (de)	դիստրիբյուտոր	[distribjutór]
bemiddelaar (de)	միջնորդ	[midʒnórd]
adviseur, consulent (de)	խորհրդատու	[xorhrdatú]
vertegenwoordiger (de)	ներկայացուցիչ	[nerkajatsʰutsʰíč]
agent (de)	գործակալ	[gortsakál]
verzekeringsagent (de)	ապահովագրական	[apahovagrakán
	գործակալ	gortsakál]

106. Dienstverlenende beroepen

kok (de)	խոհարար	[xoharár]
chef-kok (de)	շեֆ-խոհարար	[šéf xoharár]
bakker (de)	հացթուխ	[hatsʰtʰúx]
barman (de)	բարմեն	[barmén]
kelner, ober (de)	մատուցող	[matutsʰóg̣]
serveerster (de)	մատուցողուհի	[matutsʰog̣uhí]
advocaat (de)	փաստաբան	[pʰastabán]
jurist (de)	իրավաբան	[iravabán]
notaris (de)	նոտար	[notár]
elektricien (de)	մոնտյոր	[montjor]
loodgieter (de)	սանտեխնիկ	[santexník]
timmerman (de)	ատաղձագործ	[atag̣dzagórts]
masseur (de)	մերսող	[mersóg̣]
masseuse (de)	մերսող	[mersóg̣]
dokter, arts (de)	բժիշկ	[bʒišk]
taxichauffeur (de)	տաքսու վարորդ	[taksú varórd]
chauffeur (de)	վարորդ	[varórd]
koerier (de)	առաքիչ	[arakʰíč]
kamermeisje (het)	սպասավորուհի	[spasavoruhí]
bewaker (de)	անվտանգության աշխատակից	[anvtangutʰján ašxatakítsʰ]
stewardess (de)	ուղեկցորդուհի	[ug̣ektsʰorduhí]
meester (de)	ուսուցիչ	[usutsʰíč]
bibliothecaris (de)	գրադարանավար	[gradaranavár]
vertaler (de)	թարգմանիչ	[tʰargmaníč]
tolk (de)	թարգմանիչ	[tʰargmaníč]
gids (de)	գիդ	[gid]
kapper (de)	վարսահարդար	[varsahardár]
postbode (de)	փոստատար	[pʰostatár]
verkoper (de)	վաճառող	[vačaróg̣]
tuinman (de)	այգեպան	[ajgepán]
huisbediende (de)	աղախին	[ag̣axín]
dienstmeisje (het)	աղախին	[ag̣axín]
schoonmaakster (de)	հավաքարար	[havakʰarár]

107. Militaire beroepen en rangen

soldaat (rang)	շարքային	[šarkʰajín]
sergeant (de)	սերժանտ	[serʒánt]
luitenant (de)	լեյտենանտ	[lejtenánt]
kapitein (de)	կապիտան	[kapitán]
majoor (de)	մայոր	[majór]

kolonel (de)	գնդապետ	[gndapét]
generaal (de)	գեներալ	[generál]
maarschalk (de)	մարշալ	[maršál]
admiraal (de)	ադմիրալ	[admirál]

militair (de)	զինվորական	[zinvorakán]
soldaat (de)	զինվոր	[zinvór]
officier (de)	սպա	[spa]
commandant (de)	հրամանատար	[hramanatár]

grenswachter (de)	սահմանապահ	[sahmanapáh]
marconist (de)	ռադիոկապավոր	[radiokapavór]
verkenner (de)	հետախույզ	[hetaχújz]
sappeur (de)	սակրավոր	[sakravór]
schutter (de)	հրաձիգ	[hradzíg]
stuurman (de)	ղեկապետ	[ǵekapét]

108. Ambtenaren. Priesters

koning (de)	թագավոր	[tʰagavór]
koningin (de)	թագուհի	[tʰaguhí]

prins (de)	արքայազն	[arkʰajázn]
prinses (de)	արքայադուստր	[arkʰajadústr]

tsaar (de)	թագավոր	[tʰagavór]
tcarina (de)	թագուհի	[tʰaguhí]

president (de)	նախագահ	[naχagáh]
minister (de)	նախարար	[naχarár]
eerste minister (de)	վարչապետ	[varčapét]
senator (de)	սենատոր	[senatór]

diplomaat (de)	դիվանագետ	[divanagét]
consul (de)	հյուպատոս	[hjupatós]
ambassadeur (de)	դեսպան	[despán]
adviseur (de)	խորհրդական	[χorhrdakán]

ambtenaar (de)	պետական պաշտոնյա	[petakán paštonjá]
prefect (de)	ոստիկանապետ	[vostikanapét]
burgemeester (de)	քաղաքապետ	[kʰaǵakapét]

rechter (de)	դատավոր	[datavór]
aanklager (de)	դատախազ	[dataχáz]

missionaris (de)	միսիոներ	[misionér]
monnik (de)	վանական	[vanakán]

abt (de)	աբբատ	[abbát]
rabbi, rabbijn (de)	ռավվին	[ravvín]

vizier (de)	վեզիր	[vezír]
sjah (de)	շահ	[šah]
sjeik (de)	շեյխ	[šejχ]

109. Agrarische beroepen

imker (de)	մեղվապահ	[meǵvapáh]
herder (de)	հովիվ	[hovív]
landbouwkundige (de)	ագրոնոմ	[agronóm]
veehouder (de)	անասնապույծ	[anasnabújts]
dierenarts (de)	անասնաբույժ	[anasnabújʒ]
landbouwer (de)	ֆերմեր	[fermér]
wijnmaker (de)	գինեգործ	[ginegórts]
zoöloog (de)	կենդանաբան	[kendanabán]
cowboy (de)	կովբոյ	[kovbój]

110. Kunst beroepen

acteur (de)	դերասան	[derasán]
actrice (de)	դերասանուհի	[derasanuhí]
zanger (de)	երգիչ	[ergíč]
zangeres (de)	երգչուհի	[ergčuhí]
danser (de)	պարող	[paróǵ]
danseres (de)	պարուհի	[paruhí]
artiest (mann.)	դերասան	[derasán]
artiest (vrouw.)	դերասանուհի	[derasanuhí]
muzikant (de)	երաժիշտ	[eraʒíšt]
pianist (de)	դաշնակահար	[dašnakahár]
gitarist (de)	կիթառահար	[kitʰarahár]
orkestdirigent (de)	դիրիժոր	[diriʒor]
componist (de)	կոմպոզիտոր	[kompozitór]
impresario (de)	իմպրեսարիո	[impresário]
filmregisseur (de)	ռեժիսոր	[reʒisjor]
filmproducent (de)	պրոդյուսեր	[prodjusér]
scenarioschrijver (de)	սցենարի հեղինակ	[stsʰenarí heǵinák]
criticus (de)	քննադատ	[kʰnnadát]
schrijver (de)	գրող	[groǵ]
dichter (de)	բանաստեղծ	[banastéǵts]
beeldhouwer (de)	քանդակագործ	[kʰandakagórts]
kunstenaar (de)	նկարիչ	[nkaríč]
jongleur (de)	ծերնածու	[dzernatsú]
clown (de)	ծաղրածու	[tsaǵratsú]
acrobaat (de)	ակրոբատ	[akrobát]
goochelaar (de)	աճպարար	[ačparár]

111. Verschillende beroepen

dokter, arts (de)	բժիշկ	[bʒišk]
ziekenzuster (de)	բուժքույր	[buʒkʰújr]
psychiater (de)	հոգեբույժ	[hogebújʒ]
tandarts (de)	ատամնաբույժ	[atamnabújʒ]
chirurg (de)	վիրաբույժ	[virabújʒ]
astronaut (de)	տիեզերագնաց	[astɡanavórd]
astronoom (de)	աստղագետ	[astɡagét]
piloot (de)	օդաչու	[odačú]
chauffeur (de)	վարորդ	[varórd]
machinist (de)	մեքենավար	[mekʰenavár]
mecanicien (de)	մեխանիկ	[meχaník]
mijnwerker (de)	հանքափոր	[hankʰapʰór]
arbeider (de)	բանվոր	[banvór]
bankwerker (de)	փականագործ	[pʰakanagórts]
houtbewerker (de)	ատաղձագործ	[ataɡdzagórts]
draaier (de)	խառատ	[χarát]
bouwvakker (de)	շինարար	[šinarár]
lasser (de)	զոդագործ	[zodagórts]
professor (de)	պրոֆեսոր	[profesór]
architect (de)	ճարտարապետ	[čartarapét]
historicus (de)	պատմաբան	[patmabán]
wetenschapper (de)	գիտնական	[gitnakán]
fysicus (de)	ֆիզիկոս	[fizikós]
scheikundige (de)	քիմիկոս	[kʰimikós]
archeoloog (de)	հնագետ	[hnagét]
geoloog (de)	երկրաբան	[erkrabán]
onderzoeker (de)	հետազոտող	[hetazotóɡ]
babysitter (de)	դայակ	[daják]
leraar, pedagoog (de)	մանկավարժ	[mankavárʒ]
redacteur (de)	խմբագիր	[χmbagír]
chef-redacteur (de)	գլխավոր խմբագիր	[glχavór χmbagír]
correspondent (de)	թղթակից	[tʰɡtʰakítsʰ]
typiste (de)	մեքենագրուհի	[mekʰenagruhí]
designer (de)	դիզայներ	[dizajnér]
computerexpert (de)	համակարգչի մասնագետ	[hamakargčí masnagét]
programmeur (de)	ծրագրավորող	[tsragravoróɡ]
ingenieur (de)	ինժեներ	[inʒenér]
matroos (de)	ծովային	[tsovajín]
zeeman (de)	նավաստի	[navastí]
redder (de)	փրկարար	[pʰrkarár]
brandweerman (de)	հրշեջ	[hršedʒ]
politieagent (do)	ոստիկան	[vostikán]
nachtwaker (de)	պահակ	[pahák]

detective (de)	խուզարկու	[χuzarkú]
douanier (de)	մաքսավոր	[makʰsavór]
lijfwacht (de)	թիկնապահ	[tʰiknapáh]
gevangenisbewaker (de)	պահակ	[pahák]
inspecteur (de)	տեսուչ	[tesúč]

sportman (de)	մարզիկ	[marzík]
trainer (de)	մարզիչ	[marzíč]
slager, beenhouwer (de)	մսավաճառ	[msavačár]
schoenlapper (de)	կոշկակար	[koškakár]
handelaar (de)	առևտրական	[arevtrakán]
lader (de)	բեռնակիր	[bernakír]

kledingstilist (de)	մոդելյեր	[modelér]
model (het)	մոդել	[modél]

112. Beroepen. Sociale status

scholier (de)	աշակերտ	[ašakért]
student (de)	ուսանող	[usanóǵ]

filosoof (de)	փիլիսոփա	[pʰilisopá]
econoom (de)	տնտեսագետ	[tntesagét]
uitvinder (de)	գյուտարար	[gjutarár]

werkloze (de)	գործազուրկ	[gortsazúrk]
gepensioneerde (de)	թոշակառու	[tʰošakarú]
spion (de)	լրտես	[lrtes]

gedetineerde (de)	բանտարկյալ	[bantarkjál]
staker (de)	գործադուլավոր	[gortsadulavór]
bureaucraat (de)	բյուրոկրատ	[bjurokrát]
reiziger (de)	ճանապարհորդ	[čanaparhórd]

homoseksueel (de)	համասեռամոլ	[hamaseramól]
hacker (computerkraker)	խակեր	[χakér]

bandiet (de)	ավազակ	[avazák]
huurmoordenaar (de)	վարձու մարդասպան	[vardzú mardaspán]
drugsverslaafde (de)	թմրամոլ	[tʰmramól]
drugshandelaar (de)	թմրավաճառ	[tʰmravačár]
prostituee (de)	պոռնիկ	[porník]
pooier (de)	կավատ	[kavát]

tovenaar (de)	կախարդ	[kaχárd]
tovenares (de)	կախարդուհի	[kaχarduhí]
piraat (de)	ծովահեն	[tsovahén]
slaaf (de)	ստրուկ	[struk]
samoerai (de)	սամուրայ	[samuráj]
wilde (de)	վայրագ	[vajrág]

Sport

113. Soorten sporten. Sporters

sportman (de)	մարզիկ	[marzík]
soort sport (de/het)	մարզաձև	[marzadzév]
basketbal (het)	բասկետբոլ	[basketból]
basketbalspeler (de)	բասկետբոլիստ	[basketbolíst]
baseball (het)	բեյսբոլ	[bejsból]
baseballspeler (de)	բեյսբոլիստ	[bejsbolíst]
voetbal (het)	ֆուտբոլ	[futból]
voetballer (de)	ֆուտբոլիստ	[futbolíst]
doelman (de)	դարպասապահ	[darpasapáh]
hockey (het)	հոկեյ	[hokéj]
hockeyspeler (de)	հոկեյիստ	[hokeíst]
volleybal (het)	վոլեյբոլ	[volejból]
volleybalspeler (de)	վոլեյբոլիստ	[volejbolíst]
boksen (het)	բռնցքամարտ	[brntsʰkʰamárt]
bokser (de)	բռնցքամարտիկ	[brntsʰkʰamartík]
worstelen (het)	ըմբշամարտ	[əmbšamárt]
worstelaar (de)	ըմբիշ	[əmbíš]
karate (de)	կարատե	[karaté]
karateka (de)	կարատեիստ	[karateíst]
judo (de)	ձյուդո	[dzjudó]
judoka (de)	ձյուդոիստ	[dzjudoíst]
tennis (het)	թենիս	[tʰenís]
tennisspeler (de)	թենիսիստ	[tʰenisíst]
zwemmen (het)	լող	[loġ]
zwemmer (de)	լողորդ	[loġórd]
schermen (het)	սուսերամարտ	[suseramárt]
schermer (de)	սուսերամարտիկ	[suseramartík]
schaak (het)	շախմատ	[šaχmát]
schaker (de)	շախմատիստ	[šaχmatíst]
alpinisme (het)	լեռնագնացություն	[lernagnatsʰutʰjún]
alpinist (de)	լեռնագնաց	[lernagnátsʰ]
hardlopen (het)	մրցավազք	[mrtsʰavázkʰ]

renner (de)	վազվազող	[mrts^havazóǵ]
atletiek (de)	թեթև ատլետիկա	[t^het^hév atlétika]
atleet (de)	ատլետ	[atlét]

| paardensport (de) | ձիասպորտ | [dziaspórt] |
| ruiter (de) | հեծյալ | [hetsjál] |

kunstschaatsen (het)	գեղասահք	[geǵasáhk^h]
kunstschaatser (de)	գեղասահորդ	[geǵasahórd]
kunstschaatsster (de)	գեղասահորդուհի	[geǵasahorduhí]

| gewichtheffen (het) | ծանրամարտ | [tsanramárt] |
| gewichtheffer (de) | ծանրամարտիկ | [tsanramartík] |

| autoraces (mv.) | ավտոմրցարշավ | [avtomrts^haršáv] |
| coureur (de) | ավտոմրցարշավորդ | [avtomrts^haršavórd] |

| wielersport (de) | հեծանվասպորտ | [hetsanvaspórt] |
| wielrenner (de) | հեծանվորդ | [hetsanvórd] |

verspringen (het)	երկարացատկ	[erkarats^hátk]
polsstokspringen (het)	ձողով ցատկ	[dzoǵóv ts^hatk]
verspringer (de)	ցատկորդ	[ts^hatkórd]

114. Soorten sporten. Diversen

Amerikaans voetbal (het)	ամերիկյան ֆուտբոլ	[amerikján futból]
badminton (het)	բադմինտոն	[badmintón]
biatlon (de)	բիատլոն	[biatlón]
biljart (het)	բիլյարդ	[biljárd]

bobsleeën (het)	բոբսլեյ	[bobsléj]
bodybuilding (de)	բոդիբիլդինգ	[bodibílding]
waterpolo (het)	ջրային պոլո	[dʒrajín pólo]
handbal (het)	գանդբոլ	[gandból]
golf (het)	գոլֆ	[golf]
roeisport (de)	թիավարություն	[t^hiavarut^hjún]
duiken (het)	դայվինգ	[dájving]
langlaufen (het)	դահուկային մրցավազք	[dahukajín mrts^havázk^h]
tafeltennis (het)	սեղանի թենիս	[seǵaní t^henís]

zeilen (het)	առագաստանավային սպորտ	[aragastanavajín sport]
rally (de)	ավտոմրցարշավ	[avtomrts^haršáv]
rugby (het)	ռեգբի	[régbi]
snowboarden (het)	սնոուբորդ	[snoubórd]
boogschieten (het)	նետաձգություն	[netadzgut^hjún]

115. Fitnessruimte

| lange halter (de) | ծանրաձող | [tsanradzóǵ] |
| halters (mv.) | մարզագնդեր | [marzagndér] |

training machine (de)	մարզային սարքավորանք	[marzajín sarkavoránkʰ]
hometrainer (de)	հեծանվային մարզասարք	[hetsanvajín marzasárkʰ]
loopband (de)	վազքուղի	[vazkʰuǵí]

rekstok (de)	մարզաձող	[marzadzóǵ]
brug (de) gelijke leggers	զուգափայտեր	[zugapʰajtér]
paardsprong (de)	նժույգ	[nʒujg]
mat (de)	մատ	[mat]

aerobics (de)	աէրոբիկա	[aēróbika]
yoga (de)	յոգա	[jóga]

116. Sporten. Diversen

Olympische Spelen (mv.)	օլիմպիական խաղեր	[olimpiakán χaǵér]
winnaar (de)	հաղթող	[haǵtʰóǵ]
overwinnen (ww)	հաղտել	[haǵtél]
winnen (ww)	հաղթել	[haǵtʰél]

leider (de)	առաջատար	[aradʒatár]
leiden (ww)	գլխավորել	[glχavorél]

eerste plaats (de)	առաջին տեղ	[aradʒín téǵ]
tweede plaats (de)	երկրորդ տեղ	[erkrórd teǵ]
derde plaats (de)	երրորդ տեղ	[errórd teǵ]

medaille (de)	մեդալ	[medál]
trofee (de)	հաղթանշան	[haǵtʰanšán]
beker (de)	գավաթ	[gavátʰ]
prijs (de)	մրցանակ	[mrtsʰanák]
hoofdprijs (de)	գլխավոր մրցանակ	[glχavór mrtsʰanák]

record (het)	ռեկորդ	[rekórd]
een record breken	սահմանել ռեկորդ	[sahmanél rekórd]

finale (de)	ավարտ	[avárt]
finale (bn)	եզրափակիչ	[ezrapʰakíč]

kampioen (de)	չեմպյոն	[čempión]
kampioenschap (het)	առաջնություն	[aradʒnutʰjún]

stadion (het)	մարզադաշտ	[marzadášt]
tribune (de)	տրիբունա	[tribúna]
fan, supporter (de)	մարզասեր	[marzasér]
tegenstander (de)	հակառակորդ	[hakarakórd]

start (de)	մեկնարկ	[meknárk]
finish (de)	վերջնագիծ	[verdʒnagíts]

nederlaag (de)	պարտություն	[partutʰjún]
verliezen (ww)	պարտվել	[partvél]

rechter (de)	մրցավար	[mrtsʰavár]
jury (de)	ժյուրի	[ʒjúri]

stand (~ is 3-1)	հաշիվ	[hašív]
gelijkspel (het)	ոչ ոքի	[voč vokʰí]
in gelijk spel eindigen	ոչ ոքի խաղալ	[voč vokʰí χaǧál]
punt (het)	միավոր	[miavór]
uitslag (de)	արդյունք	[ardjúnkʰ]

pauze (de)	ընդմիջում	[əndmiʤúm]
doping (de)	դոպինգ	[dopíng]
straffen (ww)	տուգանել	[tuganél]
diskwalificeren (ww)	որակազրկել	[vorakazrkél]

toestel (het)	մարզագործիք	[marzagortsíkʰ]
speer (de)	նիզակ	[nizák]
kogel (de)	գունդ	[gund]
bal (de)	գնդակ	[gndak]

doel (het)	նշանակետ	[nšanakét]
schietkaart (de)	նշանակետ	[nšanakét]
schieten (ww)	կրակել	[krakél]
precies (bijv. precieze schot)	ճշգրիտ	[čšgrit]

trainer, coach (de)	մարզիչ	[marzíč]
trainen (ww)	մարզել	[marzél]
zich trainen (ww)	մարզվել	[marzvél]
training (de)	մարզում	[marzúm]

gymnastiekzaal (de)	մարզադահլիճ	[marzadahlíč]
oefening (de)	վարժություն	[varʒutʰjún]
opwarming (de)	նախավարժանք	[naχavarʒánkʰ]

Onderwijs

117. School

school (de)	դպրոց	[dprotsʰ]
schooldirecteur (de)	դպրոցի տնօրեն	[dprotsʰí tnorén]
leerling (de)	աշակերտ	[ašakért]
leerlinge (de)	աշակերտուհի	[ašakertuhí]
scholier (de)	աշակերտ	[ašakért]
scholiere (de)	դպրոցական	[dprotsʰakán]
leren (lesgeven)	դասավանդել	[dasavandél]
studeren (bijv. een taal ~)	սովորել	[sovorél]
van buiten leren	անգիր անել	[angír anél]
leren (bijv. ~ tellen)	սովորել	[sovorél]
in school zijn	սովորել	[sovorél]
(schooljongen zijn)		
naar school gaan	դպրոց գնալ	[dprótsʰ gnal]
alfabet (het)	այբուբեն	[ajbubén]
vak (schoolvak)	առարկա	[ararká]
klaslokaal (het)	դասարան	[dasarán]
les (de)	դաս	[das]
pauze (de)	դասամիջոց	[dasamidʒótsʰ]
bel (de)	զանգ	[zang]
schooltafel (de)	դասասեղան	[dasaseġán]
schoolbord (het)	գրատախտակ	[grataxták]
cijfer (het)	թվանշան	[tʰvanšán]
goed cijfer (het)	լավ թվանշան	[lav tʰvanšán]
slecht cijfer (het)	վատ թվանշան	[vat tʰvanšán]
een cijfer geven	թվանշան նշանակել	[tʰvanšán nšanakél]
fout (de)	սխալ	[sχal]
fouten maken	սխալներ թույլ տալ	[sχalnér tʰujl tal]
corrigeren (fouten ~)	ուղղել	[uġġél]
spiekbriefje (het)	ծածկաթերթիկ	[tsatskatʰertík]
huiswerk (het)	տնային առաջադրանք	[tnajín aradʒadránkʰ]
oefening (de)	վարժություն	[varʒutʰjún]
aanwezig zijn (ww)	ներկա լինել	[nerká linél]
absent zijn (ww)	բացակայել	[batsʰakaél]
bestraffen (een stout kind ~)	պատժել	[patʒél]
bestraffing (de)	պատիժ	[patíʒ]
gedrag (het)	վարք	[vɑrkʰ]

cijferlijst (de)	օրագիր	[oragír]
potlood (het)	մատիտ	[matít]
gom (de)	ռետին	[retín]
krijt (het)	կավիճ	[kavíč]
pennendoos (de)	գրչատուփ	[grčatúpʰ]

boekentas (de)	դասապայուսակ	[dasapajusák]
pen (de)	գրիչ	[grič]
schrift (de)	տետր	[tetr]
leerboek (het)	դասագիրք	[dasagírkʰ]
passer (de)	կարկին	[karkín]

technisch tekenen (ww)	գծագրել	[gtsagrél]
technische tekening (de)	գծագիր	[gtsagír]

gedicht (het)	բանաստեղծություն	[banasteǵtsutʰjún]
van buiten (bw)	անգիր	[angír]
van buiten leren	անգիր անել	[angír anél]

vakantie (de)	արձակուրդներ	[ardzakurdnér]
met vakantie zijn	արձակուրդների մեջ լինել	[ardzakurdnerí médʒ linél]

toets (schriftelijke ~)	ստուգողական աշխատանք	[stugoǵakán ašχatánkʰ]
opstel (het)	շարադրություն	[šaradrutʰjún]
dictee (het)	թելադրություն	[tʰeladrutʰjún]

examen (het)	քննություն	[kʰnnutʰjún]
examen afleggen	քննություն հանձնել	[kʰnnutʰjún handznél]
experiment (het)	փորձ	[pʰordz]

118. Hogeschool. Universiteit

academie (de)	ակադեմիա	[akadémia]
universiteit (de)	համալսարան	[hamalsarán]
faculteit (de)	ֆակուլտետ	[fakultét]

student (de)	ուսանող	[usanóǵ]
studente (de)	ուսանողուհի	[usanoǵuhí]
leraar (de)	դասախոս	[dasaχós]

collegezaal (de)	լսարան	[lsarán]
afgestudeerde (de)	շրջանավարտ	[šrdʒanavárt]

diploma (het)	դիպլոմ	[diplóm]
dissertatie (de)	դիսերտացիա	[disertátsʰia]

onderzoek (het)	հետազոտություն	[hetazotutʰjún]
laboratorium (het)	լաբորատորիա	[laboratória]

college (het)	դասախոսություն	[dasaχosutʰjún]
medestudent (de)	համակուրսեցի	[hamakursetsʰí]

studiebeurs (de)	կրթաթոշակ	[krtʰatʰošák]
academische graad (de)	գիտական աստիճան	[gitakán astičán]

119. Wetenschappen. Disciplines

wiskunde (de)	մաթեմատիկա	[matʰemátika]
algebra (de)	հանրահաշիվ	[hanrahašív]
meetkunde (de)	երկրաչափություն	[erkračapʰutʰjún]

astronomie (de)	աստղագիտություն	[astgagitutʰjún]
biologie (de)	կենսաբանություն	[kensabanutʰjún]
geografie (de)	աշխարհագրություն	[ašχarhagrutʰjún]
geologie (de)	երկրաբանություն	[erkrabanutʰjún]
geschiedenis (de)	պատմություն	[patmutʰjún]

geneeskunde (de)	բժշկություն	[bʒškutʰjún]
pedagogiek (de)	մանկավարժություն	[mankavarʒutʰjún]
rechten (mv.)	իրավունք	[iravúnkʰ]

fysica, natuurkunde (de)	ֆիզիկա	[fízika]
scheikunde (de)	քիմիա	[kʰímia]
filosofie (de)	փիլիսոփայություն	[pʰilisopajutʰjún]
psychologie (de)	հոգեբանություն	[hogebanutʰjún]

120. Schrift. Spelling

grammatica (de)	քերականություն	[kʰerakanutʰjún]
vocabulaire (het)	բառագիտություն	[baragitutʰjún]
fonetiek (de)	հնչյունաբանություն	[hnčjunabanutʰjún]

zelfstandig naamwoord (het)	գոյական	[gojakán]
bijvoeglijk naamwoord (het)	ածական	[atsakán]
werkwoord (het)	բայ	[baj]
bijwoord (het)	մակբայ	[makbáj]

voornaamwoord (het)	դերանուն	[deranún]
tussenwerpsel (het)	ձայնարկություն	[dzajnarkutʰjún]
voorzetsel (het)	նախդիր	[naχdír]

stam (de)	արմատ	[armát]
achtervoegsel (het)	վերջավորություն	[verdʒavorutʰjún]
voorvoegsel (het)	նախածանց	[naχatsántsʰ]
lettergreep (de)	վանկ	[vank]
achtervoegsel (het)	վերջածանց	[verdʒatsántsʰ]

| nadruk (de) | շեշտ | [šešt] |
| afkappingsteken (het) | ապաթարց | [apatʰártsʰ] |

punt (de)	վերջակետ	[verdʒakét]
komma (de/het)	ստորակետ	[storakét]
puntkomma (de)	միջակետ	[midʒakét]
dubbelpunt (de)	բութ	[butʰ]
beletselteken (het)	բազմակետ	[bazmakét]

| vraagteken (het) | հարցական նշան | [hartsʰakán nšan] |
| uitroepteken (het) | բացականչական նշան | [batsʰakančakán nšán] |

109

aanhalingstekens (mv.)	չակերտներ	[čakertnér]
tussen aanhalingstekens (bw)	չակերտների մեջ	[čakertnerí médʒ]
haakjes (mv.)	փակագծեր	[pʰakagtsér]
tussen haakjes (bw)	փակագծերի մեջ	[pʰakagtserí medʒ]

streepje (het)	միացման գիծ	[miatsʰmán gits]
gedachtestreepje (het)	անջատման գիծ	[andʒatmán gíts]
spatie	բաց	[batsʰ]
(~ tussen twee woorden)		

| letter (de) | տառ | [tar] |
| hoofdletter (de) | մեծատառ | [metsatár] |

| klinker (de) | ձայնավոր | [dzajnavór] |
| medeklinker (de) | բաղաձայն | [baġadzájn] |

zin (de)	նախադասություն	[naχadasutʰjún]
onderwerp (het)	ենթակա	[entʰaká]
gezegde (het)	ստորոգյալ	[storogjál]

regel (in een tekst)	տող	[toġ]
op een nieuwe regel (bw)	նոր տողից	[nor toġítsʰ]
alinea (de)	պարբերություն	[parberutʰjún]

woord (het)	բառ	[bar]
woordgroep (de)	բառակապակցություն	[barakapaktsʰutʰjún]
uitdrukking (de)	արտահայտություն	[artahajtutʰjún]
synoniem (het)	հոմանիշ	[homaníš]
antoniem (het)	հականիշ	[hakaníš]

regel (de)	կանոն	[kanón]
uitzondering (de)	բացառություն	[batsʰarutʰjún]
correct (bijv. ~e spelling)	ճիշտ	[čišt]

vervoeging, conjugatie (de)	խոնարհում	[χonarhúm]
verbuiging, declinatie (de)	հոլովում	[holovúm]
naamval (de)	հոլով	[holóv]
vraag (de)	հարց	[hartsʰ]
onderstrepen (ww)	ընդգծել	[əndgtsél]
stippellijn (de)	կետագիծ	[ketagíts]

121. Vreemde talen

taal (de)	լեզու	[lezú]
vreemde taal (de)	օտար լեզու	[otár lezú]
leren (bijv. van buiten ~)	ուսումնասիրել	[usumnasirél]
studeren (Nederlands ~)	սովորել	[sovorél]

lezen (ww)	կարդալ	[kardál]
spreken (ww)	խոսել	[χosél]
begrijpen (ww)	հասկանալ	[haskanál]
schrijven (ww)	գրել	[grel]
snel (bw)	արագ	[arág]
langzaam (bw)	դանդաղ	[dandáġ]

vloeiend (bw)	wqwin	[azát]
regels (mv.)	կանն	[kanón]
grammatica (de)	քերականություն	[kʰerakanutʰjún]
vocabulaire (het)	բառապաշարություն	[baragitutʰjún]
fonetiek (de)	հնչյունաբանություն	[hnčjunabanutʰjún]

leerboek (het)	դասագիրք	[dasagírkʰ]
woordenboek (het)	բառարան	[bararán]
leerboek (het) voor zelfstudie	ինքնուսույց	[inkʰnusújtsʰ]
taalgids (de)	զրուցարան	[zrutsʰarán]

cassette (de)	ձայներիզ	[dzajneríz]
videocassette (de)	տեսաերիզ	[tesaeríz]
CD (de)	խտասկավառակ	[χtaskavarák]
DVD (de)	DVD-սկավառակ	[dividí skavarák]

alfabet (het)	այբուբեն	[ajbubén]
spellen (ww)	տառերով արտասանել	[tareróv artasanél]
uitspraak (de)	արտասանություն	[artasanutʰjún]

accent (het)	ակցենտ	[aktsʰént]
met een accent (bw)	ակցենտով	[aktsʰentóv]
zonder accent (bw)	առանց ակցենտ	[ránts aktsʰént]

| woord (het) | բառ | [bar] |
| betekenis (de) | իմաստ | [imást] |

cursus (de)	դասընթաց	[dasəntʰátsʰ]
zich inschrijven (ww)	գրանցվել	[grantsʰvél]
leraar (de)	ուսուցիչ	[usutsʰíč]

vertaling (een ~ maken)	թարգմանություն	[tʰargmanutʰjún]
vertaling (tekst)	թարգմանություն	[tʰargmanutʰjún]
vertaler (de)	թարգմանիչ	[tʰargmaníč]
tolk (de)	թարգմանիչ	[tʰargmaníč]

| polyglot (de) | պոլիգլոտ | [poliglót] |
| geheugen (het) | հիշողություն | [hišoɡutʰjún] |

122. Sprookjesfiguren

| Sinterklaas (de) | Սանտա Քլաուս | [sántʰa kʰláus] |
| zeemeermin (de) | ջրահարս | [dʒrahárs] |

magiër, tovenaar (de)	կախարդ	[kaχárd]
goede heks (de)	կախարդուհի	[kaχarduhí]
magisch (bn)	կախարդական	[kaχardakán]
toverstokje (het)	կախարդական փայտիկ	[kaχardakán pʰajtík]

sprookje (het)	հեքիաթ	[hekʰiátʰ]
wonder (het)	հրաշք	[hraškʰ]
dwerg (de)	թզուկ	[tʰzuk]
veranderen in … (anders worden)	… դառնալ	[… darnál]

111

geest (de)	ուրվական	[urvakán]
spook (het)	ուրվական	[urvakán]
monster (het)	հրեշ	[hreš]
draak (de)	դև	[dev]
reus (de)	հսկա	[hska]

123. Dierenriem

Ram (de)	Խոյ	[χoj]
Stier (de)	Ցուլ	[tsʰul]
Tweelingen (mv.)	Երկվորյակներ	[erkvorjaknér]
Kreeft (de)	Խեցգետին	[χetsʰgetín]
Leeuw (de)	Առյուծ	[arjúts]
Maagd (de)	Կույս	[kujs]

Weegschaal (de)	Կշերք	[kšerkʰ]
Schorpioen (de)	Կարիճ	[karíč]
Boogschutter (de)	Աղեղնավոր	[aġeġnavór]
Steenbok (de)	Այծեղջյուր	[ajtseġdzjúr]
Waterman (de)	Ջրհոս	[dʒrhos]
Vissen (mv.)	Ձկներ	[dzkner]

karakter (het)	բնավորություն	[bnavorutʰjún]
karaktertrekken (mv.)	բնավորության գծեր	[bnavorutʰján gtsér]
gedrag (het)	վարքագիծ	[varkʰagíts]
waarzeggen (ww)	գուշակել	[gušakél]
waarzegster (de)	գուշակ	[gušák]
horoscoop (de)	աստղագուշակ	[astġagušák]

Kunst

124. Theater

theater (het)	թատրոն	[tʰatrón]
opera (de)	օպերա	[operá]
operette (de)	օպերետ	[operét]
ballet (het)	բալետ	[balét]

affiche (de/het)	ազդագիր	[azdagír]
theatergezelschap (het)	թատերախումբ	[tʰatʰeraχúmb]
tournee (de)	հյուրախաղեր	[hjuraχaģér]
op tournee zijn	հյուրախաղերով հանդես գալ	[hjuraχaģeróv handés gál]
repeteren (ww)	փորձ	[pʰordz]
repetitie (de)	փորձել	[pʰordzél]
repertoire (het)	խաղացանկ	[χaģatsʰánk]

voorstelling (de)	ներկայացում	[nerkajatsʰúm]
spektakel (het)	թատերական ներկայացում	[tʰatʰerakán nerkajatsʰúm]
toneelstuk (het)	պիես	[piés]

biljet (het)	տոմս	[toms]
kassa (de)	տոմսարկղ	[tomsárkģ]
foyer (de)	նախասրահ	[naχasráħ]
garderobe (de)	հանդերձարան	[handerdzarán]
garderobe nummer (het)	համարապիտակ	[hamarapiták]
verrekijker (de)	հեռադիտակ	[heraditák]
plaatsaanwijzer (de)	հսկիչ	[hskič]

parterre (de)	պարտեր	[partér]
balkon (het)	պատշգամբ	[patšgámb]
gouden rang (de)	դստիկոն	[dstikón]
loge (de)	օթյակ	[otʰják]
rij (de)	շարք	[šarkʰ]
plaats (de)	տեղ	[teģ]

publiek (het)	հասարակություն	[hasarakutʰjún]
kijker (de)	հանդիսատես	[handisatés]
klappen (ww)	ծափահարել	[tsapʰaharél]
applaus (het)	ծափահարություններ	[tsapʰaharutʰjúnnér]
ovatie (de)	բուռն ծափահարություններ	[búrn tsapʰaharutʰjúnnér]

toneel (op het ~ staan)	բեմ	[bem]
gordijn, doek (het)	վարագույր	[varagújr]
toneeldecor (het)	բեմանկար	[bemankár]
backstage (de)	կուլիսներ	[kulisnér]
scène (de)	տեսարան	[tesarán]
bedrijf (het)	ակտ	[akt]
pauze (de)	ընդմիջում	[əndmidžúm]

125. Bioscoop

acteur (de)	դերասան	[derasán]
actrice (de)	դերասանուհի	[derasanuhí]
bioscoop (de)	կին	[kinó]
speelfilm (de)	կինոնկար	[kinonkár]
aflevering (de)	սերիա	[séria]
detectivefilm (de)	դետեկտիվ	[detektív]
actiefilm (de)	մարտաֆիլմ	[martafílm]
avonturenfilm (de)	արկածային ֆիլմ	[arkatsajín fílm]
sciencefictionfilm (de)	ֆանտաստիկ ֆիլմ	[fantastík fílm]
griezelfilm (de)	սարսափ տեսաֆիլմ	[sarsápʰ fílm]
komedie (de)	կինոկատակերգություն	[kinokatakergutʰjún]
melodrama (het)	մելոդրամա	[melodráma]
drama (het)	դրամա	[dráma]
speelfilm (de)	գեղարվեստական կինոնկար	[geġarvestakán kinonkár]
documentaire (de)	փաստագրական կինոնկար	[pʰastagrakán kinonkár]
tekenfilm (de)	մուլտֆիլմ	[martafílm]
stomme film (de)	համր ֆիլմ	[hamr film]
rol (de)	դեր	[der]
hoofdrol (de)	գլխավոր դեր	[glχavór dér]
spelen (ww)	խաղալ	[χaġál]
filmster (de)	կինոաստղ	[kinoástġ]
bekend (bn)	հայտնի	[hajtní]
beroemd (bn)	հայտնի	[hajtní]
populair (bn)	հանրաճանաչ	[hanračanáč]
scenario (het)	սցենար	[stsʰenár]
scenarioschrijver (de)	սցենարի հեղինակ	[stsʰenarí heġinák]
regisseur (de)	ռեժիսոր	[reʒisjor]
filmproducent (de)	պրոդյուսեր	[prodjusér]
assistent (de)	օգնական	[ognakán]
cameraman (de)	օպերատոր	[operátor]
stuntman (de)	կասկադյոր	[kaskadjor]
een film maken	ֆիլմ նկարահանել	[fílm nkarahanél]
auditie (de)	փորձ	[pʰordz]
opnamen (mv.)	նկարահանումներ	[nkarahanumnér]
filmploeg (de)	նկարահանող խումբ	[nkarahanóġ χumb]
filmset (de)	նկարահանման հարթակ	[nkarahanmán hartʰák]
filmcamera (de)	տեսախցիկ	[tesaχtsʰík]
bioscoop (de)	կինոթատրոն	[kinotʰatrón]
scherm (het)	էկրան	[ēkrán]
een film vertonen	ֆիլմ ցուցադրել	[film tsʰutsʰadrél]
geluidsspoor (de)	հնչունային ուղի	[hnčunajín uġí]
speciale effecten (mv.)	հատուկ էֆեկտներ	[hatúk ēfektnér]

ondertiteling (de)	ենթագիր	[enthagír]
voortiteling, aftiteling (de)	մակագիր	[makagír]
vertaling (de)	թարգմանություն	[thargmanuthjún]

126. Schilderij

kunst (de)	արվեստ	[arvést]
schone kunsten (mv.)	գեղեցիկ արվեստներ	[geǵetshík arvestnér]
kunstgalerie (de)	ցուցասրահ	[tshutshasráh]
kunsttentoonstelling (de)	նկարների ցուցահանդես	[nkarnerí tshutshahandés]

schilderkunst (de)	գեղանկարչություն	[geǵankarčuthjún]
grafiek (de)	գծանկար	[gtsankár]
abstracte kunst (de)	աբստրակցիոնիզմ	[abstraktshionízm]
impressionisme (het)	իմպրեսիոնիզմ	[impressionízm]

schilderij (het)	նկար	[nkar]
tekening (de)	նկար	[nkar]
poster (de)	ձգապաստառ	[dzgapastár]

illustratie (de)	պատկերազարդում	[patkerazardúm]
miniatuur (de)	մանրանկարչություն	[manrankarčuthjún]
kopie (de)	կրկնօրինակ	[krknorinák]
reproductie (de)	վերարտադրություն	[verartadruthjún]

mozaïek (het)	խճանկար	[xčankár]
gebrandschilderd glas (het)	ապակենախշ	[apakenáxš]
fresco (het)	որմնանկր	[vormnankár]
gravure (de)	փորագրանկար	[phoragrankáı]

buste (de)	կիսանդրի	[kisandrí]
beeldhouwwerk (het)	քանդակ	[khandák]
beeld (bronzen ~)	արձան	[ardzán]
gips (het)	գիպս	[gips]
gipsen (bn)	գիպսե	[gipsé]

portret (het)	դիմանկար	[dimankár]
zelfportret (het)	ինքնապատկեր	[inkhnapatkér]
landschap (het)	բնապատկեր	[bnapatkér]
stilleven (het)	նատյուրմորտ	[natjurmórt]
karikatuur (de)	ծաղրանկար	[tsaǵrankár]
schets (de)	ուրվանկար	[urvankár]

verf (de)	ներկ	[nerk]
aquarel (de)	ջրաներկ	[dzranérk]
olieverf (de)	յուղաներկ	[juǵanérk]
potlood (het)	մատիտ	[matít]
Oost-Indische inkt (de)	ստվերաներկ	[stveranérk]
houtskool (de)	ածխամատիտ	[atsxamatít]

tekenen (met krijt)	նկարել	[nkarél]
schilderen (ww)	նկարել	[nkarél]
poseren (ww)	կեցվածք ընդունել	[ketshvátskh əndunél]
naaktmodel (man)	բնորդ	[bnord]

naaktmodel (vrouw)	բնորդուհի	[bnorduhí]
kunstenaar (de)	նկարիչ	[nkaríč]
kunstwerk (het)	ստեղծագործություն	[steġtsagortsutʰjún]
meesterwerk (het)	գլուխգործոց	[gluχgortsótsʰ]
studio, werkruimte (de)	արվեստանոց	[arvestanótsʰ]

schildersdoek (het)	կտավ	[ktav]
schildersezel (de)	նկարակալ	[nkarakál]
palet (het)	ներկապնակ	[nerkapnák]

lijst (een vergulde ~)	շրջանակ	[šrdʒanák]
restauratie (de)	վերականգնում	[verakangnúm]
restaureren (ww)	վերականգնել	[verakangnél]

127. Literatuur & Poëzie

literatuur (de)	գրականություն	[grakanutʰjún]
auteur (de)	հեղինակ	[heġinák]
pseudoniem (het)	մականուն	[makanún]

boek (het)	գիրք	[girkʰ]
boekdeel (het)	հատոր	[hatór]
inhoudsopgave (de)	բովանդակություն	[bovandakutʰjún]
pagina (de)	էջ	[ēdʒ]
hoofdpersoon (de)	գլխավոր հերոս	[glχavór herós]
handtekening (de)	ինքնագիր	[inkʰnagír]

verhaal (het)	պատմվածք	[patmvátskʰ]
novelle (de)	վեպ	[vep]
roman (de)	սիրավեպ	[siravép]
werk (literatuur)	ստեղծագործություն	[steġtsagortsutʰjún]
fabel (de)	առակ	[arák]
detectiveroman (de)	դետեկտիվ	[detektív]

gedicht (het)	բանաստեղծություն	[banasteġtsutʰjún]
poëzie (de)	բանաստեղծություն	[banasteġtsutʰjún]
epos (het)	պոեմ	[poém]
dichter (de)	բանաստեղծ	[banastéġts]

fictie (de)	արձակագրություն	[ardzakagrutʰjún]
sciencefiction (de)	գիտական ֆանտաստիկա	[gitakán fantástika]
avonturenroman (de)	արկածներ	[arkatsnér]
opvoedkundige literatuur (de)	ուսուցողական գրականություն	[usutsʰoġakán grakanutʰjún]
kinderliteratuur (de)	մանկական գրականություն	[mankakán grakanutʰjún]

128. Circus

circus (de/het)	կրկես	[krkes]
chapiteau circus (de/het)	շապիտո կրկես	[šapitó krkés]
programma (het)	ծրագիր	[tsragír]
voorstelling (de)	ներկայացում	[nerkajatsʰúm]

nummer (circus ~)	համար	[hamár]
arena (de)	հրապարակ	[hraparák]
pantomime (de)	մնջախաղ	[mndʒaxáɣ]
clown (de)	ծաղրածու	[tsaɣratsú]
acrobaat (de)	ակրոբատ	[akrobát]
acrobatiek (de)	ակրոբատիկա	[akrobátika]
gymnast (de)	մարմնամարզիկ	[marmnamarzík]
gymnastiek (de)	մարմնամարզություն	[marmnamarzutʰjún]
salto (de)	սալտո	[sálto]
sterke man (de)	ծանրամարտիկ	[tsanramartík]
temmer (de)	վարժեցնող	[varʒetsʰnóɣ]
ruiter (de)	հեծյալ	[hetsjál]
assistent (de)	օգնական	[ognakán]
stunt (de)	տրյուկ	[trjuk]
goocheltruc (de)	աճպարարություն	[ačpararutʰjún]
goochelaar (de)	աճպարար	[ačparár]
jongleur (de)	ձեռնածու	[dzernatsú]
jongleren (ww)	ձեռնածություն անել	[dzernatsutʰjún anél]
dierentrainer (de)	վարժեցնող	[varʒetsʰnóɣ]
dressuur (de)	վարժեցնում	[vaʒetsʰúm]
dresseren (ww)	վարժեցնել	[varʒetsʰnél]

129. Muziek. Popmuziek

muziek (de)	երաժշտություն	[eraʒštutʰjún]
muzikant (de)	երաժիշտ	[eraʒíšt]
muziekinstrument (het)	երաժշտական գործիք	[eraʒštakán gortsíkʰ]
spelen (bijv. gitaar ~)	նվագել ...	[nvagél ...]
gitaar (de)	կիթառ	[kitʰár]
viool (de)	ջութակ	[dʒutʰák]
cello (de)	թավջութակ	[tʰavdʒutʰák]
contrabas (de)	կոնտրաբաս	[kontrabás]
harp (de)	տավիղ	[tavíɣ]
piano (de)	դաշնամուր	[dašnamúr]
vleugel (de)	դաշնամուր	[dašnamúr]
orgel (het)	երգեհոն	[ergehón]
blaasinstrumenten (mv.)	փողավոր գործիքներ	[pʰoɣavór gortsikʰnér]
hobo (de)	հոբոյ	[hobój]
saxofoon (de)	սաքսոֆոն	[sakʰsofón]
klarinet (de)	կլարնետ	[klarnét]
fluit (de)	ֆլեյտա	[fléjta]
trompet (de)	շեփոր	[šepʰór]
accordeon (de/het)	ակորդեոն	[akordeón]
trommel (de)	թմբուկ	[tʰmbuk]
duet (het)	դուետ	[duét]

trio (het)	երյակ	[erják]
kwartet (het)	քառյակ	[kʰarják]
koor (het)	երգչախումբ	[ergčaxúmb]
orkest (het)	նվագախումբ	[nvagaxúmb]

popmuziek (de)	պոպ երաժշտություն	[pop eraʒštutʰjún]
rockmuziek (de)	ռոք երաժշտություն	[rokʰ eraʒštutʰjún]
rockgroep (de)	ռոք երաժշտական խումբ	[rokʰ eraʒštakán xúmb]
jazz (de)	ջազ	[dʒaz]

idool (het)	կուռք	[kurkʰ]
bewonderaar (de)	երկրպագու	[erkrpagú]

concert (het)	համերգ	[hamérg]
symfonie (de)	սիմֆոնիա	[simfónia]
compositie (de)	ստեղծագործություն	[steġtsagortsutʰjún]
componeren (muziek ~)	ստեղծագործել	[steġtsagortsél]

zang (de)	երգ	[erg]
lied (het)	երգ	[erg]
melodie (de)	մեղեդի	[meġedí]
ritme (het)	ռիթմ	[ritʰm]
blues (de)	բլյուզ	[bljuz]

bladmuziek (de)	նոտաներ	[notanér]
dirigeerstok (baton)	փայտիկ	[pʰajtík]
strijkstok (de)	աղեղ	[aġéġ]
snaar (de)	լար	[lar]
koffer (de)	պատյան	[patján]

Rusten. Entertainment. Reizen

130. Trip. Reizen

toerisme (het)	զբոսաշրջություն	[zbosašrdʒutʰjún]
toerist (de)	զբոսաշրջիկ	[zbosašrdʒík]
reis (de)	ճանապարհորդություն	[čanaparhordutʰjún]
avontuur (het)	արկած	[arkáts]
tocht (de)	ուղևորություն	[uǵevorutʰjún]

vakantie (de)	արձակուրդ	[ardzakúrd]
met vakantie zijn	արձակուրդի մեջ լինել	[ardzakurdí médʒ linél]
rust (de)	հանգիստ	[hangíst]

trein (de)	գնացք	[gnatsʰkʰ]
met de trein	գնացքով	[gnatsʰkʰóv]
vliegtuig (het)	ինքնաթիռ	[inkʰnatʰír]
met het vliegtuig	ինքնաթիռով	[inkʰnatʰiróv]
met de auto	ավտոմեքենայով	[avtomekʰenajóv]
per schip (bw)	նավով	[navóv]

bagage (de)	ուղեբեռ	[uǵebér]
valies (de)	ճամպրուկ	[čamprúk]
bagagekarretje (het)	սայլակ	[sajlák]

paspoort (het)	անձնագիր	[andznagír]
visum (het)	վիզա	[víza]
kaartje (het)	տոմս	[toms]
vliegticket (het)	ավիատոմս	[aviatóms]

reisgids (de)	ուղեցույց	[uǵetsʰújtsʰ]
kaart (de)	քարտեզ	[kʰartéz]
gebied (landelijk ~)	տեղանք	[teǵánkʰ]
plaats (de)	տեղ	[teǵ]

exotische bestemming (de)	էկզոտիկա	[ēkzótika]
exotisch (bn)	էկզոտիկ	[ēkzotík]
verwonderlijk (bn)	զարմանահրաշ	[zarmanahráš]

groep (de)	խումբ	[χumb]
rondleiding (de)	էքսկուրսիա	[ēkʰskúrsia]
gids (de)	էքսկուրսավար	[ēkʰskursavár]

131. Hotel

hotel (het)	հյուրանոց	[hjuranótsʰ]
motol (het)	մոթել	[motʰél]
3-sterren	երեք աստղանի	[erékʰ astǵaní]

119

5-sterren	հինգ աստղանի	[hing astġaní]
overnachten (ww)	կանգ առնել	[káng arnél]

kamer (de)	համար	[hamár]
eenpersoonskamer (de)	մեկտեղանի համար	[mekteġaní hamár]
tweepersoonskamer (de)	երկտեղանի համար	[erkteġaní hamár]
een kamer reserveren	համար ամրագրել	[hamár amragrél]

halfpension (het)	կիսագիշերոթիկ	[kisagišerotʰík]
volpension (het)	լրիվ գիշերոթիկ	[lrív gišerotʰík]

met badkamer	լոգարանով	[logaranóv]
met douche	դուշով	[dušóv]
satelliet-tv (de)	արբանյակային հեռուստատեսություն	[arbanjakajín herustatesutʰjún]
airconditioner (de)	օդորակիչ	[odorakíč]
handdoek (de)	սրբիչ	[srbič]
sleutel (de)	բանալի	[banalí]

administrateur (de)	ադմինիստրատոր	[administrátor]
kamermeisje (het)	սպասավորուհի	[spasavoruhí]
piccolo (de)	բեռնակիր	[bernakír]
portier (de)	դռնապահ	[drnapáh]

restaurant (het)	ռեստորան	[restorán]
bar (de)	բար	[bar]
ontbijt (het)	նախաճաշ	[naχačáš]
avondeten (het)	ընթրիք	[əntʰríkʰ]
buffet (het)	շվեդական սեղան	[švedakán seġán]

lift (de)	վերելակ	[verelák]
NIET STOREN	ՉԱՆՀԱՆԳՍՏԱՑՆԵԼ	[čanhangstatsʰnél]
VERBODEN TE ROKEN!	ՉԾԽԵԼ	[čtsχél!]

132. Boeken. Lezen

boek (het)	գիրք	[girkʰ]
auteur (de)	հեղինակ	[heġinák]
schrijver (de)	գրող	[groġ]
schrijven (een boek)	գրել	[grel]

lezer (de)	ընթերցող	[əntʰertsʰóġ]
lezen (ww)	կարդալ	[kardál]
lezen (het)	ընթերցանություն	[əntʰertsʰanutʰjún]

stil (~ lezen)	մտքում	[mtkʰum]
hardop (~ lezen)	բարձրաձայն	[bardzradzájn]

uitgeven (boek ~)	հրատարակել	[hratarakél]
uitgeven (het)	հրատարակություն	[hratarakutʰjún]
uitgever (de)	հրատարակիչ	[hratarakíč]
uitgeverij (de)	հրատարակչություն	[hratarakčutʰjún]
verschijnen (bijv. boek)	լույս տեսնել	[lújs tesnél]
verschijnen (het)	լույս տեսնելը	[lújs tesnélə]

oplage (de)	տպաքանակ	[tpakʰanák]
boekhandel (de)	գրախանութ	[graχanútʰ]
bibliotheek (de)	գրադարան	[gradarán]

novelle (de)	վեպ	[vep]
verhaal (het)	պատմվածք	[patmvátskʰ]
roman (de)	սիրավեպ	[siravép]
detectiveroman (de)	դետեկտիվ	[detektív]

memoires (mv.)	հուշագրություններ	[hušagrutʰjunnér]
legende (de)	առասպել	[araspél]
mythe (de)	առասպել	[araspél]

gedichten (mv.)	բանաստեղծություններ	[banasteǵtsutʰjunnér]
autobiografie (de)	ինքնակենսագրություն	[inkʰnakensagrutʰjún]
bloemlezing (de)	ընտրանի	[əntraní]
sciencefiction (de)	ֆանտաստիկա	[fantástika]
naam (de)	անվանում	[anvanúm]
inleiding (de)	ներածություն	[neratsutʰjún]
voorblad (het)	տիտղոսաթերթ	[titǵosatʰértʰ]

hoofdstuk (het)	գլուխ	[gluχ]
fragment (het)	հատված	[hatváts]
episode (de)	դրվագ	[drvag]

intrige (de)	սյուժե	[sjuʒé]
inhoud (de)	բովանդակություն	[bovandakutʰjún]
inhoudsopgave (de)	բովանդակություն	[bovandakutʰjún]
hoofdpersonage (het)	գլխավոր հերոս	[glχavór herós]

boekdeel (het)	հատոր	[hatór]
omslag (de/het)	կազմ	[kazm]
boekband (de)	կազմ	[kazm]
bladwijzer (de)	էջանիշ	[ēdʒaníš]

pagina (de)	էջ	[ēdʒ]
bladeren (ww)	թերթել	[tʰertʰél]
marges (mv.)	լուսանցքներ	[lusantsʰkʰnér]
annotatie (de)	նշում	[nšum]
opmerking (de)	ծանոթագրություն	[tsanotʰagrutʰjún]

tekst (de)	տեքստ	[tekʰst]
lettertype (het)	տառատեսակ	[taratesák]
drukfout (de)	տպասխալ	[tpasχál]

vertaling (de)	թարգմանություն	[tʰargmanutʰjún]
vertalen (ww)	թարգմանել	[tʰargmanél]
origineel (het)	բնագիր	[bnagír]

beroemd (bn)	հայտնի	[hajtní]
onbekend (bn)	անհայտ	[anhájt]
interessant (bn)	հետաքրքիր	[hetakʰrkʰír]
bestseller (de)	բեստսելեր	[bestséler]
woordenboek (het)	բառարան	[bararán]
leerboek (het)	դասագիրք	[dasagírkʰ]
encyclopedie (de)	հանրագիտարան	[hanraqitarán]

133. Jacht. Vissen

jacht (de)	որս	[vors]
jagen (ww)	որս անել	[vors anél]
jager (de)	որսորդ	[vorsórd]
schieten (ww)	կրակել	[krakél]
geweer (het)	հրացան	[hratsʰán]
patroon (de)	փամփուշտ	[pʰampúšt]
hagel (de)	մանրագնդակ	[manragndák]
val (de)	թակարդ	[tʰakárd]
valstrik (de)	ծուղակ	[tsuġák]
een val zetten	թակարդ դնել	[tʰakárd dnel]
stroper (de)	որսագող	[vorsagóġ]
wild (het)	որսամիս	[vorsamís]
jachthond (de)	որսորդական շուն	[vorsordakán šún]
safari (de)	սաֆարի	[safári]
opgezet dier (het)	խրտվիլակ	[χrtvilák]
visser (de)	ձկնորս	[dzknors]
visvangst (de)	ձկնորսություն	[dzknorsutʰjún]
vissen (ww)	ձուկ որսալ	[dzuk vorsál]
hengel (de)	կարթ	[kartʰ]
vislijn (de)	կարթաթել	[kartʰatʰél]
haak (de)	կարթ	[kartʰ]
dobber (de)	լողան	[loġán]
aas (het)	խայծ	[χajts]
de hengel uitwerpen	կարթը գցել	[kartʰə gtsʰel]
bijten (ov. de vissen)	բռնվել	[brnvel]
vangst (de)	որս	[vors]
wak (het)	սառցանցք	[sartsʰántsʰkʰ]
net (het)	ցանց	[tsʰantsʰ]
boot (de)	նավակ	[navák]
vissen met netten	ցանցով բռնել	[tsʰantsʰóv brnel]
het net uitwerpen	ցանցը գցել	[tsʰántsʰə gtsʰel]
het net binnenhalen	ցանցը հանել	[tsʰántsʰə hanél]
walvisvangst (de)	կետորս	[ketórs]
walvisvaarder (de)	կետորսական նավ	[ketorsakán náv]
harpoen (de)	որսատեգ	[vorsatéx]

134. Spellen. Biljart

biljart (het)	բիլյարդ	[biljárd]
biljartzaal (de)	բիլյարդի սրահ	[biljardí srah]
biljartbal (de)	բիլյարդի գնդակ	[biljárd gndák]
een bal in het gat jagen	ներս խփել	[ners χpʰel]
keu (de)	խաղաձող	[χaġadzóġ]
gat (het)	գնդապարկ	[gndapárk]

135. Spellen. Speelkaarten

ruiten (mv.)	քարոյիշ	[kʰarpíndʒ]
schoppen (mv.)	դաո	[ġar]
klaveren (mv.)	սիրտ	[sirt]
harten (mv.)	խաչ	[χač]

aas (de)	տուզ	[tuz]
koning (de)	թագավոր	[tʰagavór]
dame (de)	տոջիկ	[aġdʒík]
boer (de)	զինվոր	[zinvór]

speelkaart (de)	խաղաթուղթ	[χaġatʰúġtʰ]
kaarten (mv.)	խաղաթղթեր	[χaġatʰġtʰér]
troef (de)	հաղթաթուղթ	[haġtʰatʰúġtʰ]
pak (het) kaarten	կապուկ	[kapúk]

uitdelen (kaarten ~)	բաժանել	[baʒanél]
schudden (de kaarten ~)	խառնել	[χarnél]
beurt (de)	քայլ	[kʰajl]
valsspeler (de)	շուլեր	[šulér]

136. Rusten. Spellen. Diversen

wandelen (on.ww.)	զբոսնել	[zbosnél]
wandeling (de)	զբոսանք	[zbosánkʰ]
trip (per auto)	շրջագայություն	[šrdʒagajutʰjún]
avontuur (het)	արկած	[arkáts]
picknick (de)	զբոսախնջույք	[zbosaχndʒújkʰ]

spel (het)	խաղ	[χaġ]
speler (de)	խաղացող	[χaġatsʰóġ]
partij (de)	պարտիա	[pártia]

collectioneur (de)	հավաքող	[havakʰóġ]
collectioneren (ww)	հավաքել	[havakʰél]
collectie (de)	հավաքածու	[havakʰatsú]
kruiswoordraadsel (het)	խաչբառ	[χačbár]
hippodroom (de)	ձիարշավարան	[dziaršavarán]
discotheek (de)	դիսկոտեկ	[diskoték]

sauna (de)	սաունա	[sáuna]
loterij (de)	վիճակախաղ	[vičakaχáġ]

trektocht (kampeertocht)	արշավ	[aršáv]
kamp (het)	ճամբար	[čambár]
tent (de)	վրան	[vran]
kompas (het)	կողմնացույց	[koġmnatsʰújtsʰ]
rugzaktoerist (de)	արշավորդ	[aršavórd]

bekijken (een film ~)	դիտել	[ditél]
kijker (televisie~)	հեռուստադիտող	[herustaditóġ]
televisie-uitzending (de)	հեռուստահաղորդում	[herustahaġordúm]

137. Fotografie

fotocamera (de)	լուսանկարչական ապարատ	[lusankarčakán aparát]
foto (de)	լուսանկար	[lusankár]
fotograaf (de)	լուսանկարիչ	[lusankaríč]
fotostudio (de)	ֆոտո սառդիա	[fóto stúdia]
fotoalbum (het)	ֆոտոալբում	[fotoalbóm]
lens (de), objectief (het)	օբյեկտիվ	[obъektív]
telelens (de)	տեասպողիկի օբյեկտիվ	[tesaχtsʰikí obъektív]
filter (de/het)	ֆիլտր	[filtr]
lens (de)	ոսպնյակ	[vospnják]
optiek (de)	օպտիկա	[óptika]
diafragma (het)	դիաֆրագմա	[diafrágma]
belichtingstijd (de)	պահելու տևողություն	[pahelú tevoǵutʰjún]
zoeker (de)	դիտան	[ditán]
digitale camera (de)	թվային տեսախցիկ	[tʰvajín tesaχtsʰík]
statief (het)	ամրակալան	[amrakalán]
flits (de)	բռնկում	[brnkum]
fotograferen (ww)	լուսանկարել	[lusankarél]
foto's maken	լուսանկարել	[lusankarél]
zich laten fotograferen	լուսանկարվել	[lusankarvél]
focus (de)	ցայտունություն	[tsʰajtunutʰjún]
scherpstellen (ww)	ցայտուն դարձնել	[tsʰajtún dardznél]
scherp (bn)	ցայտուն	[tsʰajtún]
scherpte (de)	ցայտունություն	[tsʰajtunutʰjún]
contrast (het)	ցայտագունություն	[tsʰajtagunutʰjún]
contrastrijk (bn)	ցայտունագույն	[tsʰajtunagújn]
kiekje (het)	լուսանկար	[lusankár]
negatief (het)	նեգատիվ	[negatív]
filmpje (het)	ֆոտոժապավեն	[fotoʒapavén]
beeld (frame)	կադր	[kadr]
afdrukken (foto's ~)	տպել	[tpel]

138. Strand. Zwemmen

strand (het)	լողափ	[loǵápʰ]
zand (het)	ավազ	[aváz]
leeg (~ strand)	անապատային	[anapatajín]
bruine kleur (de)	արևարություն	[arevarutʰjún]
zonnebaden (ww)	արևար լինել	[arevár linél]
gebruind (bn)	արևար	[arevár]
zonnecrème (de)	արևարության կրեմ	[arevarutʰján krém]
bikini (de)	բիկինի	[bikíni]
badpak (het)	լողազգեստ	[loǵazgést]

zwembroek (de)	լողավարտիք	[loġavartíkʰ]
zwembad (het)	լողավազան	[loġavazán]
zwemmen (ww)	լողալ	[loġál]
douche (de)	ցնցուղ	[tsʰntsʰuġ]
zich omkleden (ww)	qqեստափոխվել	[zgestapʰoχvél]
handdoek (de)	սրբիչ	[srbič]

| boot (de) | նավակ | [navák] |
| motorboot (de) | մոտորանավակ | [motoranavák] |

waterski's (mv.)	ջրային դահուկներ	[dʒrajín dahuknér]
waterfiets (de)	ջրային հեծանիվ	[dʒrajín hetsanív]
surfen (het)	սերֆինգ	[sérfing]
surfer (de)	սերֆինգիստ	[serfingíst]

scuba, aqualong (de)	ակվալանգ	[akvaláng]
zwemvliezen (mv.)	լողաթաթեր	[loġatʰatʰér]
duikmasker (het)	դիմակ	[dimák]
duiker (de)	ջրասույզ	[dʒrasújz]
duiken (ww)	սուզվել	[suzvél]
onder water (bw)	ջրի տակ	[dʒri ták]

parasol (de)	հովանոց	[hovanótsʰ]
ligstoel (de)	շեզլոնգ	[šezlóng]
zonnebril (de)	ակնոցներ	[aknotsʰnér]
luchtmatras (de/het)	լողամատրաս	[loġamatrás]

| spelen (ww) | խաղալ | [χaġál] |
| gaan zwemmen (ww) | լողալ | [loġál] |

bal (de)	գնդակ	[gndak]
opblazen (oppompen)	փչել	[pʰčel]
lucht-, opblaasbare (bn)	փչովի	[pʰčoví]

golf (hoge ~)	ալիք	[alíkʰ]
boei (de)	լողան	[loġán]
verdrinken (ww)	խեղդվել	[χeġdvél]

redden (ww)	փրկել	[pʰrkel]
reddingsvest (de)	փրկագոտի	[pʰrkagotí]
waarnemen (ww)	հետևել	[hetevél]
redder (de)	փրկարար	[pʰrkarár]

TECHNISCHE APPARATUUR. VERVOER

Technische apparatuur

139. Computer

computer (de)	համակարգիչ	[hamakargíč]
laptop (de)	նոութբուք	[noutʰbúkʰ]
aanzetten (ww)	միացնել	[miatsʰnél]
uitzetten (ww)	անջատել	[andʒatél]
toetsenbord (het)	ստեղնաշար	[steġnašár]
toets (enter~)	ստեղն	[steġn]
muis (de)	մուկ	[muk]
muismat (de)	գորգ	[gorg]
knopje (het)	կոճak	[kočák]
cursor (de)	սլաք	[slakʰ]
monitor (de)	մոնիտոր	[monitór]
scherm (het)	էկրան	[ēkrán]
harde schijf (de)	կոշտ սկավարակակիր	[košt skavarakakír]
volume (het)	կոշտ սկավարակի ծավալը	[košt skavarakakrí tsaválə]
van de harde schijf		
geheugen (het)	հիշողություն	[hišoġutʰjún]
RAM-geheugen (het)	օպերատիվ հիշողություն	[operatív hišoġutʰjún]
bestand (het)	ֆայլ	[fajl]
folder (de)	թղթապանակ	[tʰġtʰapanák]
openen (ww)	բացել	[batsʰél]
sluiten (ww)	փակել	[pʰakél]
opslaan (ww)	գրանցել	[grantsʰél]
verwijderen (wissen)	հեռացնել	[heratsʰnél]
kopiëren (ww)	պատճենել	[patčenél]
sorteren (ww)	սորտավորել	[sortavorél]
overplaatsen (ww)	արտատպել	[artatpél]
programma (het)	ծրագիր	[tsragír]
software (de)	ծրագրային ապահովում	[tsragrajín apahovúm]
programmeur (de)	ծրագրավորող	[tsragravoróġ]
programmeren (ww)	ծրագրավորել	[tsragravorél]
hacker (computerkraker)	խակեր	[χakér]
wachtwoord (het)	անցագիր	[antsʰagír]
virus (het)	վիրուս	[virús]
ontdekken (virus ~)	հայտնաբերել	[hajtnaberél]

| byte (de) | բայտ | [bajt] |
| megabyte (de) | մեգաբայտ | [megabájt] |

| data (de) | տվյալներ | [tvjalnér] |
| databank (de) | տվյալների բազա | [tvjalnerí báza] |

kabel (USB-~, enz.)	մալուխ	[malúχ]
afsluiten (ww)	անջատել	[andʒatél]
aansluiten op (ww)	միացնել	[miatsʰnél]

140. Internet. E-mail

internet (het)	ինտերնետ	[internét]
browser (de)	զանգախույզ	[tsʰantsʰaχújz]
zoekmachine (de)	որոնիչ համակարգ	[voroníč hamakárg]
internetprovider (de)	պրովայդեր	[provajdér]

webmaster (de)	վեբ-մասեր	[veb máster]
website (de)	ինտերնետային կայք	[internetajín kajkʰ]
webpagina (de)	ինտերնետային էջ	[internetajín ēdʒ]

| adres (het) | հասցե | [hastsʰé] |
| adresboek (het) | հասցեների գրքույկ | [hastsʰenerí grkʰújk] |

| postvak (het) | փոստարկղ | [pʰostárkġ] |
| post (de) | փոստ | [pʰost] |

bericht (het)	հաղորդագրություն	[haġordagrutʰjún]
verzender (de)	ուղարկող	[uġarkóġ]
verzenden (ww)	ուղարկել	[uġarkél]
verzending (de)	ուղարկում	[uġarkúm]
ontvanger (de)	ստացող	[statsʰóġ]
ontvangen (ww)	ստանալ	[stanál]

| correspondentie (de) | նամակագրություն | [namakagrutʰjún] |
| corresponderen (met ...) | նամակագրական կապի մեջ լինել | [namakagrakán kapí médʒ linél] |

bestand (het)	ֆայլ	[fajl]
downloaden (ww)	քաշել	[kʰašél]
creëren (ww)	ստեղծել	[steġtsél]
verwijderen (een bestand ~)	հեռացնել	[heratsʰnél]
verwijderd (bn)	հեռացված	[heratsʰváts]

verbinding (de)	կապ	[kap]
snelheid (de)	արագություն	[aragutʰjún]
modem (de)	մոդեմ	[modém]
toegang (de)	մուտք	[mutkʰ]
poort (de)	մուտ	[mut]

aansluiting (de)	միացում	[miatsʰúm]
zich aansluiten (ww)	միանալ	[mianál]
selecteren (ww)	ընտրել	[əntrél]
zoeken (ww)	փնտրել	[pʰntrel]

Vervoer

141. Vliegtuig

vliegtuig (het)	ինքնաթիռ	[inkʰnatʰír]
vliegticket (het)	ավիատոմս	[aviatóms]
luchtvaartmaatschappij (de)	ավիաընկերություն	[aviaənkerutʰjún]
luchthaven (de)	օդանավակայան	[odanavakaján]
supersonisch (bn)	գերձայնային	[gerdzajnajín]

gezagvoerder (de)	օդանավի հրամանատար	[odanaví hramanatár]
bemanning (de)	անձնակազմ	[andznakázm]
piloot (de)	օդաչու	[odačú]
stewardess (de)	ուղեկցորդուհի	[uġektsʰorduhí]
stuurman (de)	ղեկապետ	[ġekapét]

vleugels (mv.)	թևեր	[tʰevér]
staart (de)	պոչ	[poč]
cabine (de)	խցիկ	[xtsʰik]
motor (de)	շարժիչ	[šarʒíč]
landingsgestel (het)	շասսի	[šassí]
turbine (de)	տուրբին	[turbín]

propeller (de)	պրոպելլեր	[propellér]
zwarte doos (de)	սև արկղ	[sev árkġ]
stuur (het)	ղեկանիվ	[ġekanív]
brandstof (de)	վառելիք	[varelíkʰ]

veiligheidskaart (de)	ձեռնարկ	[dzernárk]
zuurstofmasker (het)	թթվածնային դիմակ	[tʰtʰvatsnajín dimák]
uniform (het)	համազգեստ	[hamazgést]

reddingsvest (de)	փրկագոտի	[pʰrkagotí]
parachute (de)	պարաշյուտ	[parašjút]

opstijgen (het)	թռիչք	[tʰričkʰ]
opstijgen (ww)	թռնել	[tʰrnel]
startbaan (de)	թռիչքուղի	[tʰričkʰuġí]

zicht (het)	տեսանելիություն	[tesaneliutʰjún]
vlucht (de)	թռիչք	[tʰričkʰ]

hoogte (de)	բարձրություն	[bardzrutʰjún]
luchtzak (de)	օդային փոս	[odajín pʰós]

plaats (de)	տեղ	[teġ]
koptelefoon (de)	ականջակալներ	[akandzakalnér]
tafeltje (het)	բացվող սեղանիկ	[batsʰvóġ seġaník]
venster (het)	իլյումինատոր	[iljuminátor]
gangpad (het)	անցուղի	[antsʰuġí]

142. Trein

trein (de)	գնացք	[gnats^hk^h]
elektrische trein (de)	էլեկտրագնացք	[ēlektragnáts^hk^h]
sneltrein (de)	արագընթաց գնացք	[aragent^háts^h gnáts^hk^h]
diesellocomotief (de)	ջերմաքարշ	[dʒermak^hárš]
stoomlocomotief (de)	շոգեքարշ	[šokek^hárš]

rijtuig (het)	վագոն	[vagón]
restauratierijtuig (het)	վագոն-ռեստորան	[vagón restorán]

rails (mv.)	գծեր	[gtser]
spoorweg (de)	երկաթգիծ	[erkat^hgíts]
dwarsligger (de)	կոճ	[koč]

perron (het)	կառամատույց	[karamatújts^h]
spoor (het)	ուղի	[uǧí]
semafoor (de)	նշանասյուն	[nšanasjún]
halte (bijv. kleine treinhalte)	կայարան	[kajarán]

machinist (de)	մեքենավար	[mek^henavár]
kruier (de)	բեռնակիր	[bernakír]
conducteur (de)	ուղեկից	[uǧekíts^h]
passagier (de)	ուղևոր	[uǧevór]
controleur (de)	հսկիչ	[hskič]

gang (in een trein)	միջանցք	[midʒánts^hk^h]
noodrem (de)	ավտոմատ կանգառման սարք	[avtomát kangarmán sárk^h]

coupé (de)	կուպե	[kupé]
bed (slaapplaats)	մահճակ	[mahčák]
bovenste bed (het)	վերևի մահճակատեղ	[vereví mahčakatéǧ]
onderste bed (het)	ներքևի մահճակատեղ	[nerk^heví mahčakatéǧ]
beddengoed (het)	անկողին	[ankoǧín]

kaartje (het)	տոմս	[toms]
dienstregeling (de)	չվացուցակ	[čvats^huts^hák]
informatiebord (het)	ցուցատախտակ	[ts^huts^hataχták]

vertrekken (De trein vertrekt ...)	մեկնել	[meknél]
vertrek (ov. een trein)	մեկնում	[meknúm]
aankomen (ov. de treinen)	ժամանել	[ʒamanél]
aankomst (de)	ժամանում	[ʒamanúm]

aankomen per trein	ժամանել գնացքով	[ʒamanél gnats^hk^hóv]
in de trein stappen	գնացք նստել	[gnáts^hk^h nstel]
uit de trein stappen	գնացքից իջնել	[gnats^hk^híts^h idʒnél]

treinwrak (het)	խորտակում	[χortakúm]
stoomlocomotief (de)	շոգեքարշ	[šokek^hárš]
stoker (de)	հնոցապան	[hnots^hapán]
stookplaats (de)	վառարան	[vararán]
steenkool (de)	ածուխ	[atsúχ]

129

143. Schip

| schip (het) | նավ | [nav] |
| vaartuig (het) | նավ | [nav] |

stoomboot (de)	շոգենավ	[šogenáv]
motorschip (het)	ջերմանավ	[dʒermanáv]
lijnschip (het)	լայներ	[lájner]
kruiser (de)	հածանավ	[haʦanáv]

jacht (het)	զբոսանավ	[zbosanáv]
sleepboot (de)	նավաքարշ	[navakʰárš]
duwbak (de)	բեռնանավ	[bernanáv]
ferryboot (de)	լաստանավ	[lastanáv]

| zeilboot (de) | առագաստանավ | [aragastanáv] |
| brigantijn (de) | բրիգանտինա | [brigantína] |

| ijsbreker (de) | սառցահատ | [sartsʰapát] |
| duikboot (de) | սուզանավ | [suzanáv] |

boot (de)	նավակ	[navák]
sloep (de)	մակույկ	[makújk]
reddingssloep (de)	փրկարարական մակույկ	[pʰrkararakán makújk]
motorboot (de)	մոտորանավակ	[motoranavák]

kapitein (de)	նավապետ	[navapét]
zeeman (de)	նավաստի	[navastí]
matroos (de)	ծովային	[ʦovajín]
bemanning (de)	անձնակազմ	[andznakázm]

bootsman (de)	բոցման	[botsʰmán]
scheepsjongen (de)	նավի փոքրավոր	[naví pʰokʰravór]
kok (de)	նավի խոհարար	[naví xoharár]
scheepsarts (de)	նավի բժիշկ	[naví bʒíšk]

dek (het)	տախտակամած	[taxtakamáʦ]
mast (de)	կայմ	[kajm]
zeil (het)	առագաստ	[aragást]

ruim (het)	նավամբար	[navambár]
voorsteven (de)	նավախիթ	[navakʰítʰ]
achtersteven (de)	նավախել	[navaxél]
roeispaan (de)	թիակ	[tʰiak]
schroef (de)	պտուտակ	[ptuták]

kajuit (de)	նավասենյակ	[navasenják]
officierskamer (de)	ընդհանուր նավասենյակ	[əndhanúr navasenják]
machinekamer (de)	մեքենաների բաժանմունք	[mekenanерí baʒanmúnkʰ]
brug (de)	նավապետի կամրջակ	[navapetí kamrdʒák]
radiokamer (de)	ռադիոխցիկ	[radioxtsʰík]
radiogolf (de)	ալիք	[alíkʰ]
logboek (het)	նավամատյան	[navamatján]
verrekijker (de)	հեռադիտակ	[heraditák]
klok (de)	զանգ	[zang]

vlag (de)	դրոշ	[droš]
kabel (de)	ճոպան	[čopán]
knoop (de)	հանգույց	[hangújtsʰ]

leuning (de)	բռնածող	[brnadzóǵ]
trap (de)	նավասանդուղք	[navasandúgkʰ]

anker (het)	խարիսխ	[xarísx]
het anker lichten	խարիսխը բարձրացնել	[xarísxə bardzratsʰnél]
het anker neerlaten	խարիսխը գցել	[xarísxə gtsʰél]
ankerketting (de)	խարիսխաշղթա	[xarsxašǵtʰá]

haven (bijv. containerhaven)	նավահանգիստ	[navahangíst]
kaai (de)	նավամատույց	[navamatújtsʰ]
aanleggen (ww)	կարանել	[karanél]
wegvaren (ww)	մեկնել	[meknél]

reis (de)	ճանապարհորդություն	[čanaparhordutʰjún]
cruise (de)	ծովագնացություն	[tsovagnatsʰutʰjún]
koers (de)	ուղղություն	[uǵutʰjún]
route (de)	երթուղի	[ertʰuǵí]

vaarwater (het)	նավարկուղի	[navarkuǵí]
zandbank (de)	ծանծաղուտ	[tsantsaǵút]
stranden (ww)	ծանծաղուտ ընկնել	[tsantsaǵút ənknél]

storm (de)	փոթորիկ	[pʰotʰorík]
signaal (hot)	ազդանշան	[azdanšán]
zinken (ov. een boot)	խորտակվել	[xortakvél]
SOS (noodsignaal)	SOS	[sos]
reddingsboei (de)	փրկագոտի	[pʰrkagotí]

144. Vliegveld

luchthaven (de)	օդանավակայան	[odanavakaján]
vliegtuig (het)	ինքնաթիռ	[inkʰnatʰír]
luchtvaartmaatschappij (de)	ավիաընկերություն	[aviaənkerutʰjún]
luchtverkeersleider (de)	դիսպետչեր	[dispetčér]

vertrek (het)	թռիչք	[tʰričkʰ]
aankomst (de)	ժամանում	[ʒamanúm]
aankomen (per vliegtuig)	ժամանել	[ʒamanél]

vertrektijd (de)	թռիչքի ժամանակը	[tʰričkʰí ʒamanákə]
aankomstuur (het)	ժամանման ժամանակը	[ʒamanmán ʒamanákə]

vertraagd zijn (ww)	ուշանալ	[ušanál]
vluchtvertraging (de)	թռիչքի ուշացում	[tʰričkʰí ušatsʰúm]

informatiebord (het)	տեղեկատվական վահանակ	[teǵekatvakán vahanák]
informatie (de)	տեղեկատվություն	[teǵekatvutʰjún]
aankondlgen (ww)	հայտարարել	[hajtararél]
vlucht (bijv. KLM ~)	ռեյս	[rejs]
douane (de)	մաքսատուն	[makʰsatún]

131

douanier (de)	մաքսավոր	[makʰsavór]
douaneaangifte (de)	հայտարարագիր	[hajtararagír]
een douaneaangifte invullen	հայտարարագիր լրացնել	[hajtararagír lratsʰnél]
paspoortcontrole (de)	անձնագրային ստուգում	[andznagrajín stugúm]

bagage (de)	ուղեբեռ	[uġebér]
handbagage (de)	ձեռքի ուղեբեռ	[dzerkʰí uġebér]
bagagekarretje (het)	սայլակ	[sajlák]

landing (de)	վայրէջք	[vajrēdʒkʰ]
landingsbaan (de)	վայրէջքի ուղի	[vajrēdʒkʰí uġí]
landen (ww)	վայրէջք կատարել	[vajrēdʒkʰ katarél]
vliegtuigtrap (de)	օդանավասանդուղք	[odanavasandúġkʰ]

inchecken (het)	գրանցում	[grantsʰúm]
incheckbalie (de)	գրանցասեղան	[grantsʰaseġán]
inchecken (ww)	գրանցվել	[grantsʰvél]
instapkaart (de)	տեղակտրոն	[teġaktrón]
gate (de)	ելք	[elkʰ]

transit (de)	տարանցիկ չվերթ	[tarantsʰík čvertʰ]
wachten (ww)	սպասել	[spasél]
wachtzaal (de)	սպասասրահ	[spasasráh]
begeleiden (uitwuiven)	ճանապարհել	[čanaparhél]
afscheid nemen (ww)	հրաժեշտ տալ	[hraʒéšt tál]

145. Fiets. Motorfiets

fiets (de)	հեծանիվ	[hetsanív]
bromfiets (de)	մոտոռոլլեր	[motoróller]
motorfiets (de)	մոտոցիկլ	[mototsʰíkl]

met de fiets rijden	հեծանիվ քշել	[hetsanív kʰšel]
stuur (het)	ղեկ	[ġek]
pedaal (de/het)	ոտնակ	[votnák]
remmen (mv.)	արգելակ	[argelák]
fietszadel (de/het)	թամբիկ	[tʰambík]

pomp (de)	պոմպ	[pomp]
bagagedrager (de)	բեռնախցիկ	[bernaxtsʰík]
fietslicht (het)	լապտեր	[laptér]
helm (de)	սաղավարտ	[saġavárt]

wiel (het)	անիվ	[anív]
spatbord (het)	թև	[tʰev]
velg (de)	անվագոտի	[anvagotí]
spaak (de)	ճաղ	[čaġ]

Auto's

146. Soorten auto's

auto (de)	ավտոմեքենա	[avtomekʰená]
sportauto (de)	սպորտային ավտոմեքենա	[sportajín avtomekʰená]
limousine (de)	լիմուզին	[limuzín]
terreinwagen (de)	արտաճանապարհային ավտոմեքենա	[artačanaparhajín avtomekʰená]
cabriolet (de)	կաբրիոլետ	[kabriolét]
minibus (de)	միկրոավտոբուս	[mikroavtobús]
ambulance (de)	շտապ օգնություն	[štáp ognutʰjún]
sneeuwruimer (de)	ձյունամաքրիչ մեքենա	[dzjunamakʰríč mekʰená]
vrachtwagen (de)	բեռնատար	[bernatár]
tankwagen (de)	բենզինատար	[benzinatár]
bestelwagen (de)	ֆուրգոն	[furgón]
trekker (de)	ավտոքարշակ	[avtokʰaršák]
aanhangwagen (de)	կցորդ	[ktsʰord]
comfortabel (bn)	հարմարավետ	[harmaravét]
tweedehands (bn)	օգտագործված	[ogtagortsváts]

147. Auto's. Carrosserie

motorkap (de)	ծածկոց	[tsatskótsʰ]
spatbord (het)	անվածածկոց	[anvatsatskótsʰ]
dak (het)	տանիք	[taníkʰ]
voorruit (de)	առջևի ապակի	[ardʒeví apakí]
achterruit (de)	հետին դիտահայելի	[hetín ditahajelí]
ruitensproeier (de)	ապակի լվացող սարք	[apakí lvatsʰʰóg sárkʰ]
wisserbladen (mv.)	ապակեմաքրիչ	[apakemakʰríč]
zijruit (de)	կողային ապակի	[koġajín apakí]
raamlift (de)	ապակիների բարձրացնող սարք	[apakinерí bardzratsʰʰnóg sárkʰ]
antenne (de)	ալեհավաք	[alehavákʰ]
zonnedak (het)	լյուկ	[ljuk]
bumper (de)	բախարգել	[baxargél]
koffer (de)	բեռնախցիկ	[bernaxtsʰʰík]
portier (het)	դուռ	[dur]
handvat (het)	բռնիչ	[brnič]
slot (het)	փական	[pʰakán]
nummerplaat (de)	համարանիշ	[hamaraníš]

knalpot (de)	խլացուցիչ	[xlatsʰutsʰíč]
benzinetank (de)	բենզինաբաք	[benzinabákʰ]
uitlaatpijp (de)	արտածայրթկման խողովակ	[artaʒajtʰkʰmán χoǧóvák]

gas (het)	գազ	[gaz]
pedaal (de/het)	ոտնակ	[votnák]
gaspedaal (de/het)	գազի ոտնակ	[gazí votnák]

rem (de)	արգելակ	[argelák]
rempedaal (de/het)	արգելակի ոտնակ	[argelakí votnák]
remmen (ww)	արգելակել	[argelakél]
handrem (de)	կայանային արգելակ	[kajanajín argelák]

koppeling (de)	կցորդիչ	[ktsʰordíč]
koppelingspedaal (de/het)	կցորդիչ ոտնակ	[ktsʰordíč votnák]
koppelingsschijf (de)	կցորդիչ սկավառակ	[ktsʰordíč skavarák]
schokdemper (de)	ամորտիզատոր	[amortizátor]

wiel (het)	անիվ	[anív]
reservewiel (het)	պահեստային անիվ	[pahestajín anív]
band (de)	ավտոդող	[avtodóǧ]
wieldop (de)	կափարիչ	[kapʰaríč]

aandrijfwielen (mv.)	քարշակ անիվներ	[kʰaršák anivnér]
met voorwielaandrijving	առջևի քարշակ անիվներ	[ardʒeví kʰaršák anivnér]
met achterwielaandrijving	ետևի քարշակ անիվներ	[eteví kʰaršák anivnér]
met vierwielaandrijving	չորս քարշակ անիվներ	[čórs kʰaršák anivnér]

versnellingsbak (de)	փոխանցատուփ	[poχantsʰatúpʰ]
automatisch (bn)	ավտոմատ	[avtomát]
mechanisch (bn)	մեխանիկական	[meχanikakán]
versnellingspook (de)	փոխանցատուփի լծակ	[pʰoχantsʰatupí ltsák]

voorlicht (het)	լուսարձակ	[lusardzák]
voorlichten (mv.)	լույսեր	[lujsér]

dimlicht (het)	մոտակա լույս	[motaká lújs]
grootlicht (het)	հեռակա լույս	[heraká lújs]
stoplicht (het)	ստոպ ազդանշան	[stóp azdanšán]

standlichten (mv.)	գաբարիտային լույսեր	[gabaritajín lujsér]
noodverlichting (de)	վթարային լույսեր	[vtʰarajín lujsér]
mistlichten (mv.)	հակամառախուղային լույսարձակներ	[hakamaraχuǧajín lusardzaknér]

pinker (de)	շրջադարձի ցուցիչ	[šrdʒadardzí tsʰutsʰíč]
achteruitrijdlicht (het)	ետընթացի ցուցիչ	[etəntatʰí tsʰutsʰíč]

148. Auto's. Passagiersruimte

interieur (het)	սրահ	[srah]
leren (van leer gemaak)	կաշեպատ	[kašepát]
fluwelen (abn)	թավշյա	[tʰavšjá]
bekleding (de)	պաստառ	[pastár]
toestel (het)	սարքավորում	[sarkʰavorúm]

instrumentenbord (het)	սարքավորումների վահանակ	[sarkʰavorumnerí vahanák]
snelheidsmeter (de)	արագաչափ	[aragačápʰ]
pijltje (het)	սլաք	[slakʰ]

kilometerteller (de)	հաշվիչ	[hašvíč]
sensor (de)	ցուցիչ	[tsʰutsʰíč]
niveau (het)	մակարդակ	[makardák]
controlelampje (het)	լամպ	[lamp]

stuur (het)	ղեկ	[ǵek]
toeter (de)	ազդանշան	[azdanšán]
knopje (het)	կոճակ	[kočák]
schakelaar (de)	փոխարկիչ	[pʰoχarkíč]

stoel (bestuurders~)	նստատեղ	[nstatéǵ]
rugleuning (de)	հենակ	[henák]
hoofdsteun (de)	գլխատեղ	[glχatéǵ]
veiligheidsgordel (de)	անվտանգության գոտի	[anvtangutʰ ján gotí]
de gordel aandoen	ամրացնել անվտանգության գոտին	[amratsʰnél anvtangutʰ ján gotín]
regeling (de)	կարգավորում	[kargavorúm]

airbag (de)	օդային բարձիկ	[odajín bardzík]
airconditioner (de)	օդորակիչ	[odorakíč]

radio (de)	ռադիո	[rádio]
CD-speler (de)	SD-նվագարկիչ	[sidí nvagarkíč]
aanzetten (bijv. radio ~)	միացնել	[miatsʰnél]
antenne (de)	ալեհավաք	[alehavákʰ]
handschoenenkastje (het)	պահախցիկ	[pahaχtsʰ ík]
asbak (de)	մոխրաման	[moχramán]

149. Auto's. Motor

motor (de)	շարժիչ	[šarʒíč]
diesel- (abn)	դիզելային	[dizelajín]
benzine- (~motor)	բենզինային	[benzinajín]

motorinhoud (de)	շարժիչի ծավալ	[šarʒičí tsavál]
vermogen (het)	հզորություն	[hzorutʰ jún]
paardenkracht (de)	ձիատ	[dziaúʒ]
zuiger (de)	մխոց	[mχotsʰ]
cilinder (de)	գլան	[glan]
klep (de)	փական	[pʰakán]

injectie (de)	ինժեկտոր	[inʒektór]
generator (de)	գեներատոր	[generatór]
carburator (de)	կարբյուրատոր	[karbjuratór]
motorolie (de)	շարժիչի յուղ	[šarʒičí juǵ]

radiator (de)	ռադիատոր	[radiatór]
koelvloeistof (de)	սառեցնող հեղուկ	[saretsʰnóǵ heǵúk]
ventilator (de)	օդափոխիչ	[odapʰoχíč]

accu (de)	մարտկոց	[martkóts^h]
starter (de)	ընթացաշարժիչ	[ənt^hats^hašarʒíč]
contact (ontsteking)	լուցք	[luts^híč]
bougie (de)	շարժիչի մոմիկ	[šarʒičí momík]

pool (de)	սեղմակ	[seġmák]
positieve pool (de)	պլյուս	[pljus]
negatieve pool (de)	մինուս	[mínus]
zekering (de)	ապահովիչ	[apahovíč]

luchtfilter (de)	օդի ֆիլտր	[odí filtr]
oliefilter (de)	յուղի ֆիլտր	[juġí filtr]
benzinefilter (de)	վառելիքային ֆիլտր	[varelik^hajín fíltr]

150. Auto's. Botsing. Reparatie

auto-ongeval (het)	վթար	[vt^har]
verkeersongeluk (het)	ճանապարհային պատահար	[čanaparhajín patahár]
aanrijden	բախվել	[baχvél]
(tegen een boom, enz.)		
verongelukken (ww)	վնասվածքներ ստանալ	[vnasvatsk^hnér stanál]
beschadiging (de)	վնաս	[vnas]
heelhuids (bn)	ողջ	[voġdʒ]

kapot gaan (zijn gebroken)	փչանալ	[p^hčanál]
sleeptouw (het)	քարշակարան	[k^haršakarán]

lek (het)	ծակում	[tsakúm]
lekke krijgen (band)	օդը դուրս գալ	[ódə durs gal]
oppompen (ww)	փչել	[p^hčel]
druk (de)	ճնշում	[čnšum]
checken (ww)	ստուգել	[stugél]

reparatie (de)	նորոգում	[norogúm]
garage (de)	արհեստանոց	[arhestanóts^h]
wisselstuk (het)	պահեստամաս	[pahestamás]
onderdeel (het)	մաս	[mas]

bout (de)	հեղույս	[heġújs]
schroef (de)	պողոսակ	[poġosák]
moer (de)	պտուտակամեր	[ptutakamér]
sluitring (de)	մեջդիր	[medʒdír]
kogellager (de/het)	առանցքակալ	[arants^hk^hakál]

pijp (de)	խողովակիկ	[χoġovakík]
pakking (de)	միջադիր	[midʒadír]
kabel (de)	լար	[lar]

dommekracht (de)	ամբարձակ	[ambardzák]
moersleutel (de)	մանեկադարձակ	[manekadardzák]
hamer (de)	մուրճ	[murč]
pomp (de)	պոմպ	[pomp]
schroevendraaier (de)	պտուտակահան	[ptutakahán]
brandblusser (de)	կրակմարիչ	[krakmaríč]

gevarendriehoek (de)	վթարային կանգ	[vtʰarajín káng]
afslaan	մարել	[marél]
(ophouden te werken)		
uitvallen (het)	կանգ առնելը	[káng arnél]
zijn gebroken	կոտրված լինել	[kotrváts linél]

ververhitten (ww)	գերտաքանալ	[gertakʰanál]
verstopt raken (ww)	խցանվել	[xtsʰanvél]
bevriezen (autodeur, enz.)	սառչել	[sarčél]
barsten (leidingen, enz.)	ծակվել	[tsakvél]

druk (de)	ճնշում	[čnšum]
niveau (bijv. olieniveau)	մակարդակ	[makardák]
slap (de drijfriem is ~)	թույլ	[tʰujl]

deuk (de)	փոս ընկած տեղ	[pʰós ənkáts tég]
geklop (vreemde geluiden)	թխկոց	[tʰχkotsʰ]
barst (de)	ճեղք	[čeġkʰ]
kras (de)	քերծվածք	[kertsvátskʰ]

151. Auto's. Weg

weg (de)	ճանապարհ	[čanapárh]
snelweg (de)	մայրուղի	[majruġí]
autoweg (de)	խճուղի	[χčuġí]
richting (de)	ուղղություն	[uġutʰjún]
afstand (de)	հեռավորություն	[heravorutʰjún]

brug (de)	կամուրջ	[kamurʤ]
parking (de)	ավտոկայանատեղի	[avtokajanateġí]
plein (het)	հրապարակ	[hraparák]
verkeersknooppunt (het)	հանգուցալուծում	[hangutsʰalutsúm]
tunnel (de)	թունել	[tʰunél]

benzinestation (het)	ավտոլցակայան	[avtoltsʰakaján]
parking (de)	ավտոկայանատեղի	[avtokajanateġí]
benzinepomp (de)	բենզալցակայան	[benzaltsʰakaján]
garage (de)	արհեստանոց	[arhestanótsʰ]
tanken (ww)	լցավորում	[ltsʰavorúm]
brandstof (de)	վառելիք	[varelíkʰ]
jerrycan (de)	թիթեղ	[tʰitʰéġ]

asfalt (het)	ասֆալտ	[asfált]
markering (de)	նշագիծ	[nšagíts]
trottoirband (de)	մայթեզր	[majtʰézr]
geleiderail (de)	պատվար	[patvár]
greppel (de)	խրամատ	[χramáru]
vluchtstrook (de)	ճամփեզր	[čampʰézr]
lichtmast (de)	սյուն	[sjun]

besturen (een auto ~)	վարել	[varél]
afslaan (naar rechts ~)	թեքվել	[tʰekʰvél]
U-bocht maken (ww)	ետ դառնալ	[et darnál]
achteruit (de)	ետընթացք	[etəntʰátsʰkʰ]

toeteren (ww)	ազդանշանել	[azdanšanél]
toeter (de)	ձայնային ազդանշան	[dzajnajín azdanšán]
vastzitten (in modder)	մնալ	[mnal]
spinnen (wielen gaan ~)	բաշել	[kʰašél]
uitzetten (ww)	անջատել	[andʒatél]

snelheid (de)	արագություն	[aragutʰjún]
een snelheidsovertreding maken	արագությունը գերազանցել	[aragutʰjúnə gerazantsʰél]
bekeuren (ww)	տուգանել	[tuganél]
verkeerslicht (het)	լուսակիր	[lusakír]
rijbewijs (het)	վարորդական իրավունքներ	[varordakán iravunkʰnér]

overgang (de)	շրջանցում	[šrdʒantsʰúm]
kruispunt (het)	խաչմերուկ	[χačmerúk]
zebrapad (oversteekplaats)	հետիոտնի անցում	[hetiotní antsʰúm]
bocht (de)	ոլորան	[volorán]
voetgangerszone (de)	հետիոտն ճանապարհ	[hetiótn čanapárh]

MENSEN. GEBEURTENISSEN IN HET LEVEN

Gebeurtenissen in het leven

152. Vakanties. Evenement

feest (het)	տոն	[ton]
nationale feestdag (de)	ազգային տոն	[azgajín tón]
feestdag (de)	տոնական օր	[tonakán or]
herdenken (ww)	տոնել	[tonél]
gebeurtenis (de)	դեպք	[depkʰ]
evenement (het)	միջոցառում	[midʒotsʰarúm]
banket (het)	ճաշկերույթ	[čaškerújtʰ]
receptie (de)	ընդունելություն	[əndunelutʰjún]
feestmaal (het)	խնջույք	[χndʒujkʰ]
verjaardag (de)	տարեդարձ	[taredárdz]
jubileum (het)	հոբելյան	[hobelján]
vieren (ww)	նշել	[nšel]
Nieuwjaar (het)	Ամանոր	[amanór]
Gelukkig Nieuwjaar!	Շնորհավոր Ամանոր	[šnorhavór amanór]
Kerstfeest (het)	Սուրբ ծնունդ	[surb tsnund]
Vrolijk kerstfeest!	Ուրախ Սուրբ ծնունդ	[uráχ súrb tsnúnd]
kerstboom (de)	տոնածառ	[tonatsár]
vuurwerk (het)	հրավառություն	[hravarutʰjún]
bruiloft (de)	հարսանիք	[harsaníkʰ]
bruidegom (de)	փեսացու	[pʰesatsʰú]
bruid (de)	հարսնացու	[harsnatsʰú]
uitnodigen (ww)	հրավիրել	[hravirél]
uitnodigingskaart (de)	հրավիրատոմս	[hraviratóms]
gast (de)	հյուր	[hjur]
op bezoek gaan	հյուր գնալ	[hjur gnal]
gasten verwelkomen	հյուրերին դիմավորել	[hjurerín dimavorél]
geschenk, cadeau (het)	նվեր	[nver]
geven (iets cadeau ~)	նվիրել	[nvirél]
geschenken ontvangen	նվերներ ստանալ	[nvernér stanál]
boeket (het)	ծաղկեփունջ	[tsaǵkepʰúndʒ]
felicitaties (mv.)	շնորհավորանք	[šnorhavoránkʰ]
feliciteren (ww)	շնորհավորել	[šnorhavorél]
wenskaart (de)	շնորհավորական բացիկ	[šnorhavorakán batsʰík]
een kaartje versturen	բացիկ ուղարկել	[batsʰík uǵarkél]

139

een kaartje ontvangen	բացիկ ստանալ	[batsʰík stanál]
toast (de)	կենաց	[kenátsʰ]
aanbieden (een drankje ~)	հյուրասիրել	[hjurasirél]
champagne (de)	շամպայն	[šampájn]

plezier hebben (ww)	զվարճանալ	[zvarčanál]
plezier (het)	զվարճանք	[zvarčánkʰ]
vreugde (de)	ուրախություն	[uraχutʰjún]

| dans (de) | պար | [par] |
| dansen (ww) | պարել | [parél] |

| wals (de) | վալս | [vals] |
| tango (de) | տանգո | [tángo] |

153. Begrafenissen. Begrafenis

kerkhof (het)	գերեզմանոց	[gerezmanótsʰ]
graf (het)	գերեզման	[gerezmán]
kruis (het)	խաչ	[χač]
grafsteen (de)	տապանաքար	[tapanakʰár]
omheining (de)	ցանկապատ	[tsʰankapát]
kapel (de)	մատուռ	[matúr]

dood (de)	մահ	[mah]
sterven (ww)	մահանալ	[mahanál]
overledene (de)	հանգուցյալ	[hangutsʰjál]
rouw (de)	սուգ	[sug]

begraven (ww)	թաղել	[tʰaġél]
begrafenisonderneming (de)	թաղման բյուրո	[tʰaġmán bjuró]
begrafenis (de)	թաղման արարողություն	[tʰaġmán araroġutʰjún]

krans (de)	պսակ	[psak]
doodskist (de)	դագաղ	[dagáġ]
lijkwagen (de)	դիակառք	[diakárkʰ]
lijkkleed (de)	սավան	[saván]

| urn (de) | աճյունասափոր | [ačunasapʰór] |
| crematorium (het) | դիակիզարան | [diakizarán] |

overlijdensbericht (het)	մահախոսական	[mahaχosakán]
huilen (wenen)	լացել	[latsʰél]
snikken (huilen)	ողբալ	[voġbál]

154. Oorlog. Soldaten

peloton (het)	դասակ	[dasák]
compagnie (de)	վաշտ	[vašt]
regiment (het)	գունդ	[gund]
leger (armee)	բանակ	[banák]
divisie (de)	դիվիզիա	[divízia]

| sectie (de) | չոկատ | [dʒokát] |
| troep (de) | զորք | [zorkʰ] |

| soldaat (militair) | զինվոր | [zinvór] |
| officier (de) | սպա | [spa] |

soldaat (rang)	շարքային	[šarkʰajín]
sergeant (de)	սերժանտ	[serʒánt]
luitenant (de)	լեյտենանտ	[lejtenánt]
kapitein (de)	կապիտան	[kapitán]
majoor (de)	մայոր	[majór]
kolonel (de)	գնդապետ	[gndapét]
generaal (de)	գեներալ	[generál]

matroos (de)	ծովային	[tsovajín]
kapitein (de)	կապիտան	[kapitán]
bootsman (de)	բոցման	[botsʰmán]

artillerist (de)	հրետանավոր	[hretanavór]
valschermjager (de)	դեսանտային	[desantajín]
piloot (de)	օդաչու	[odačú]
stuurman (de)	ղեկապետ	[ɡekapét]
mecanicien (de)	մեխանիկ	[meχaník]

sappeur (de)	սակրավոր	[sakravór]
parachutist (de)	պարաշյուտիստ	[parašjutíst]
verkenner (de)	հետախույզ	[hetaχújz]
scherpschutter (de)	սնայպեր	[snájper]

patrouille (de)	պարեկ	[parék]
patrouilleren (ww)	պարեկել	[parekél]
wacht (de)	ժամապահ	[ʒamapáh]

krijger (de)	ռազմիկ	[razmík]
patriot (de)	հայրենասեր	[hajrenasér]
held (de)	հերոս	[herós]
heldin (de)	հերոսուհի	[herosuhí]

verrader (de)	դավաճան	[davačán]
deserteur (de)	դասալիք	[dasalíkʰ]
deserteren (ww)	դասալքել	[dasalkʰél]

huurling (de)	վարձկան	[vardzkán]
rekruut (de)	նորակոչիկ	[norakočík]
vrijwilliger (de)	կամավոր	[kamavór]

gedode (de)	սպանվածը	[spanvátsə]
gewonde (de)	վիրավոր	[viravór]
krijgsgevangene (de)	գերի	[gerí]

155. Oorlog. Militaire acties. Deel 1

| oorlog (de) | պատերազմ | [paterázm] |
| oorlog voeren (ww) | պատերազմել | [paterazmél] |

burgeroorlog (de)	քաղաքացիական պատերազմ	[kʰaġakatsʰiakán paterázm]
achterbaks (bw)	ետեղորեն	[nengorén]
oorlogsverklaring (de)	հայտարարում	[hajtararúm]
verklaren (de oorlog ~)	հայտարարել	[hajtararél]
agressie (de)	ագրեսիա	[agrésia]
aanvallen (binnenvallen)	հարձակվել	[hardzakvél]

binnenvallen (ww)	զավթել	[zavtʰél]
invaller (de)	զավթիչ	[zavtʰíč]
veroveraar (de)	նվաճող	[nvačóġ]

verdediging (de)	պաշտպանություն	[paštpanutʰjún]
verdedigen (je land ~)	պաշտպանել	[paštpanél]
zich verdedigen (ww)	պաշտպանվել	[paštpanvél]

vijand (de)	թշնամի	[tʰšnamí]
tegenstander (de)	հակառակորդ	[hakarakórd]
vijandelijk (bn)	թշնամական	[tʰšnamakán]

strategie (de)	ռազմավարություն	[razmavarutʰjún]
tactiek (de)	մարտավարություն	[martavarutʰjún]

order (de)	հրաման	[hramán]
bevel (het)	հրաման	[hramán]
bevelen (ww)	հրամայել	[hramajél]
opdracht (de)	առաջադրանք	[aradʒadránkʰ]
geheim (bn)	գաղտնի	[gaġtní]

slag (de)	ճակատամարտ	[čakatamárt]
strijd (de)	մարտ	[mart]

aanval (de)	հարձակում	[hardzakúm]
bestorming (de)	գրոհ	[groh]
bestormen (ww)	գրոհել	[grohél]
bezetting (de)	պաշարում	[pašarúm]

aanval (de)	հարձակում	[hardzakúm]
in het offensief te gaan	հարձակվել	[hardzakvél]

terugtrekking (de)	նահանջ	[nahándʒ]
zich terugtrekken (ww)	նահանջել	[nahandʒél]

omsingeling (de)	շրջապատում	[šrdʒapatúm]
omsingelen (ww)	շրջապատել	[šrdʒapatél]

bombardement (het)	ռմբակոծություն	[rmbakotsutʰjún]
een bom gooien	ռումբ նետել	[rúmb netél]
bombarderen (ww)	ռմբակոծել	[rmbakotsél]
ontploffing (de)	պայթյուն	[pajtʰjún]

schot (het)	կրակոց	[krakótsʰ]
een schot lossen	կրակել	[krakél]
schieten (het)	հրաձգություն	[hradzgutʰjún]
mikken op (ww)	նշան բռնել	[nšán brnel]
aanleggen (een wapen ~)	ուղղել	[uġġél]

treffen (doelwit ~)	դիպչել	[dipčél]
zinken (tot zinken brengen)	խորտակել	[xortakél]
kogelgat (het)	ձեղքվածք	[čeġkvátskʰ]
zinken (gezonken zijn)	ընդհատակ գնալ	[əndhaták gnal]

front (het)	ճակատ	[čakát]
evacuatie (de)	էվակուացիա	[ēvakuátsʰia]
evacueren (ww)	էվակուացնել	[ēvakuatsʰnél]

loopgraaf (de)	խրամատ	[xramát]
prikkeldraad (de)	փշալար	[pʰšalár]
verdedigingsobstakel (het)	փակոց	[pʰakótsʰ]
wachttoren (de)	աշտարակ	[aštarák]

hospitaal (het)	գոսպիտալ	[gospitál]
verwonden (ww)	վիրավորել	[viravorél]
wond (de)	վերք	[verkʰ]
gewonde (de)	վիրավոր	[viravór]
gewond raken (ww)	վիրավորվել	[viravorvél]
ernstig (~e wond)	ծանր	[tsanr]

156. Wapens

wapens (mv.)	զենք	[zenkʰ]
vuurwapens (mv.)	հրազեն	[hrazén]
koude wapens (mv.)	սառը զենք	[sárə zenkʰ]

chemische wapens (mv.)	քիմիական զենք	[kimiakán zénkʰ]
kern-, nucleair (bn)	միջուկային	[midʒukájín]
kernwapens (mv.)	միջուկային զենք	[midʒukajín zénkʰ]

bom (de)	ռումբ	[rumb]
atoombom (de)	ատոմային ռումբ	[atomajín rúmb]

pistool (het)	ատրճանակ	[atrčanák]
geweer (het)	հրացան	[hratsʰán]
machinepistool (het)	ավտոմատ	[avtomát]
machinegeweer (het)	գնդացիր	[gndatsʰír]

loop (schietbuis)	փողաբերան	[pʰoġaberán]
loop (bijv. geweer met kortere ~)	փող	[pʰoġ]
kaliber (het)	տրամաչափ	[tramačápʰ]

trekker (de)	հրահան	[hrahán]
korrel (de)	նշան	[nšan]
magazijn (het)	պահեստատուփ	[pahestatúpʰ]
geweerkolf (de)	կոթ	[kotʰ]

granaat (handgranaat)	նռնակ	[nrnak]
explosieven (mv.)	պայթուցիկ	[pajtʰutsʰík]

kogel (de)	գնդակ	[gndak]
patroon (de)	փամփուշտ	[pʰampúšt]

| lading (de) | լից | [lits^h] |
| ammunitie (de) | զինամթերք | [zinamt^hérk^h] |

bommenwerper (de)	ռմբակոծիչ	[rmbakotsíč]
straaljager (de)	կործանիչ	[kortsaníč]
helikopter (de)	ուղղաթիռ	[uġat^hír]

afweergeschut (het)	զենիթային թնդանոթ	[zenit^hajín t^hndanót^h]
tank (de)	տանկ	[tank]
kanon (tank met een ~ van 76 mm)	թնդանոթ	[t^hndanót^h]

| artillerie (de) | հրետանի | [hretaní] |
| aanleggen (een wapen ~) | ուղղել | [uġġél] |

projectiel (het)	արկ	[ark]
mortiergranaat (de)	ական	[akán]
mortier (de)	ականանետ	[akananét]
granaatscherf (de)	բեկոր	[bekór]

duikboot (de)	սուզանավ	[suzanáv]
torpedo (de)	տորպեդ	[torpéd]
raket (de)	հրթիռ	[hrt^hir]

laden (geweer, kanon)	լցնել	[lts^hnel]
schieten (ww)	կրակել	[krakél]
richten op (mikken)	նշան բռնել	[nšán brnel]
bajonet (de)	սվին	[svin]

degen (de)	սուսեր	[susér]
sabel (de)	սուր	[sur]
speer (de)	նիզակ	[nizák]
boog (de)	աղեղ	[aġéġ]
pijl (de)	նետ	[net]
musket (de)	մուշկետ	[muškét]
kruisboog (de)	աղեղնաձեն	[aġeġnazén]

157. Oude mensen

primitief (bn)	նախնադարյան	[naχnadarján]
voorhistorisch (bn)	նախապատմական	[naχapatmakán]
eeuwenoude (~ beschaving)	հին	[hin]

Steentijd (de)	քարե դար	[k^haré dár]
Bronstijd (de)	բրոնզե դար	[bronzé dár]
IJstijd (de)	սառցե դարաշրջան	[sarts^hé darašrdžán]

stam (de)	ցեղ	[ts^heġ]
menseneter (de)	մարդակեր	[mardakér]
jager (de)	որսորդ	[vorsórd]
jagen (ww)	որս անել	[vors anél]
mammoet (de)	մամոնտ	[mamónt]
grot (de)	քարանձավ	[k^harandzáv]
vuur (het)	կրակ	[krak]

| kampvuur (het) | խարույկ | [χarújk] |
| rotstekening (de) | ժայռանկար | [ʒajrapatkér] |

werkinstrument (het)	աշխատանքի գործիք	[ašχatankí gorʦíkʰ]
speer (de)	նիզակ	[nizák]
stenen bijl (de)	քարե կացին	[kʰaré kaʦʰín]
oorlog voeren (ww)	պատերազմել	[paterazmél]
temmen (bijv. wolf ~)	ընտելացնել	[əntelaʦʰnél]

idool (het)	կուռք	[kurkʰ]
aanbidden (ww)	պաշտել	[paštél]
bijgeloof (het)	սնապաշտություն	[snapaštutʰjún]

evolutie (de)	էվոլյուցիա	[ēvoljúʦʰia]
ontwikkeling (de)	զարգացում	[zargaʦʰúm]
verdwijning (de)	անհետացում	[anhetaʦʰúm]
zich aanpassen (ww)	ընտելանալ	[əntelanál]

archeologie (de)	հնէաբանություն	[hnēabanutʰjún]
archeoloog (de)	հնէագետ	[hnagét]
archeologisch (bn)	հնէաբանական	[hnēabanakán]

opgravingsplaats (de)	պեղումներ	[peǧumnér]
opgravingen (mv.)	պեղումներ	[peǧumnér]
vondst (de)	գտածո	[gtaʦó]
fragment (het)	բեկոր	[bekór]

158. Middeleeuwen

volk (het)	ժողովուրդ	[ʒoǧovúrd]
volkeren (mv.)	ժողովուրդներ	[ʒoǧovurdnér]
stam (de)	ցեղ	[ʦʰeǧ]
stammen (mv.)	ցեղեր	[ʦʰeǧér]

barbaren (mv.)	բարբարոսներ	[barbarosnér]
Galliërs (mv.)	գալլեր	[gallér]
Goten (mv.)	գոտեր	[gotér]
Slaven (mv.)	սլավոններ	[slavonnér]
Vikings (mv.)	վիկինգներ	[vikingnér]

| Romeinen (mv.) | հռոմեացիներ | [hromeaʦʰinér] |
| Romeins (bn) | հռոմեական | [hromeakán] |

Byzantijnen (mv.)	բաբելոնացիներ	[babelonaʦʰinér]
Byzantium (het)	Բաբելոն	[babelón]
Byzantijns (bn)	բաբելոնյան	[babelonakán]

keizer (bijv. Romeinse ~)	կայսր	[kajsr]
opperhoofd (het)	առաջնորդ	[aradʒnórd]
machtig (bn)	հզոր	[hzor]
koning (de)	թագավոր	[tʰagavór]
heerser (de)	ղեկավար	[ǧekavár]
ridder (de)	ասպետ	[aspét]
feodaal (de)	ավատատեր	[avatatér]

| feodaal (bn) | ավատատիրական | [avatatirakán] |
| vazal (de) | վասալ | [vassál] |

hertog (de)	դուքս	[dukʰs]
graaf (de)	կոմս	[koms]
baron (de)	բարոն	[barón]
bisschop (de)	եպիսկոպոս	[episkopós]

harnas (het)	զենք ու զրահ	[zenkʰ u zrah]
schild (het)	վահան	[vahán]
zwaard (het)	թուր	[tʰur]
vizier (het)	երեսկալ	[ereskál]
maliënkolder (de)	օղազրահ	[oġazráh]

| kruistocht (de) | խաչակրաց արշավանք | [χačakrátsʰ aršavánkʰ] |
| kruisvaarder (de) | խաչակիր | [χačakír] |

gebied (bijv. bezette ~en)	տարածք	[tarátskʰ]
aanvallen (binnenvallen)	հարձակվել	[hardzakvél]
veroveren (ww)	գրավել	[gravél]
innemen (binnenvallen)	զավթել	[zavtʰél]

bezetting (de)	պաշարում	[pašarúm]
belegerd (bn)	պաշարված	[pašarváts]
belegeren (ww)	պաշարել	[pašarél]

inquisitie (de)	հավատաքննություն	[havatakʰnnutʰjún]
inquisiteur (de)	հավատաքննիչ	[havatakʰnníč]
foltering (de)	խոշտանգում	[χoštangúm]
wreed (bn)	դաժան	[daʒán]
ketter (de)	հերետիկոս	[heretikós]
ketterij (de)	հերետիկոսություն	[heretikutʰjún]

zeevaart (de)	ծովագնացություն	[tsovagnatsʰutʰjún]
piraat (de)	ծովահեն	[tsovahén]
piraterij (de)	ծովահենություն	[tsovahenutʰjún]
enteren (het)	նավագզերում	[navagzerúm]
buit (de)	որս	[vors]
schatten (mv.)	գանձեր	[gandzér]

ontdekking (de)	հայտնագործություն	[hajtnagortsutʰjún]
ontdekken (bijv. nieuw land)	հայտնագործել	[hajtnagortsél]
expeditie (de)	արշավ	[aršáv]

musketier (de)	հրացանակիր	[hratsʰanakír]
kardinaal (de)	կարդինալ	[kardinál]
heraldiek (de)	զինանիշագիտություն	[zinanišagitutʰjún]
heraldisch (bn)	զինանիշագիտական	[zinanišagitakán]

159. Leider. Baas. Autoriteiten

koning (de)	թագավոր	[tʰagavór]
koningin (de)	թագուհի	[tʰaguhí]
koninklijk (bn)	թագավորական	[tʰagavorakán]

koninkrijk (het)	թագավորություն	[tʰagavorutʰjún]
prins (de)	արքայազն	[arkʰajázn]
prinses (de)	արքայադուստր	[arkʰajadústr]

president (de)	նախագահ	[naχagáh]
vicepresident (de)	փոխնախագահ	[pʰoχnaχagáh]
senator (de)	սենատոր	[senatór]

monarch (de)	միապետ	[marzpét]
heerser (de)	ղեկավար	[ġekavár]
dictator (de)	դիկտատոր	[diktatór]
tiran (de)	բռնապետ	[brnapét]
magnaat (de)	մագնատ	[magnát]

directeur (de)	տնօրեն	[tnorén]
chef (de)	շեֆ	[šef]
beheerder (de)	կառավարիչ	[karavaríč]
baas (de)	պետ	[pet]
eigenaar (de)	տեր	[ter]

hoofd (bijv. ~ van de delegatie)	գլուխ	[gluχ]
autoriteiten (mv.)	իշխանություններ	[išχanutʰjunnér]
superieuren (mv.)	ղեկավարություն	[ġekavarutʰjún]

gouverneur (de)	գուբերնատոր	[gubernátor]
consul (de)	հյուպատոս	[hjupatós]
diplomaat (de)	դիվանագետ	[divanagét]
burgemeester (de)	քաղաքապետ	[kʰaġakapét]
sheriff (de)	ոստիկանապետ	[vostikanapét]

keizer (bijv. Romeinse ~)	կայսր	[kajsr]
tsaar (de)	թագավոր	[tʰagavór]
farao (de)	փարավոն	[pʰaravón]
kan (de)	խան	[χan]

160. De wet overtreden. Criminelen. Deel 1

bandiet (de)	ավազակ	[avazák]
misdaad (de)	հանցագործություն	[hantsʰagortsutʰjún]
misdadiger (de)	հանցագործ	[hantsʰagórts]

dief (de)	գող	[goġ]
stelen (ww)	գողանալ	[goġanál]
stelen, diefstal (de)	գողություն	[goġutʰjún]

kidnappen (ww)	առևանգել	[arevangél]
kidnapping (de)	առևանգում	[arevangúm]
kidnapper (de)	առևանգող	[arevangóġ]

losgeld (het)	փրկագին	[pʰrkagín]
eisen losgeld (ww)	փրկագին պահանջել	[pʰrkagín pahandžél]
overvallen (ww)	կողոպտել	[koġoptél]
ovorvaller (de)	կողոպտիչ	[koġoptíč]

147

afpersen (ww)	շորթել	[šortʰél]
afperser (de)	շորթիչ	[šortʰíč]
afpersing (de)	շորթում	[šortʰúm]

vermoorden (ww)	սպանել	[spanél]
moord (de)	սպանություն	[spanutʰjún]
moordenaar (de)	մարդասպան	[mardaspán]

schot (het)	կրակոց	[krakótsʰ]
een schot lossen	կրակել	[krakél]
neerschieten (ww)	կրակել	[krakél]
schieten (ww)	կրակել	[krakél]
schieten (het)	հրաձգություն	[hradzgutʰjún]

ongeluk (gevecht, enz.)	պատահար	[patahár]
gevecht (het)	կռիվ	[kriv]
slachtoffer (het)	զոհ	[zoh]

beschadigen (ww)	վնաս հասցնել	[vnas hastsʰnél]
schade (de)	վնաս	[vnas]
lijk (het)	դիակ	[diák]
zwaar (~ misdrijf)	ծանր	[tsanr]

aanvallen (ww)	հարձակում կատարել	[hardzakúm katarél]
slaan (iemand ~)	հարվածել	[harvatsél]
in elkaar slaan (toetakelen)	ծեծել	[tsetsél]
ontnemen (beroven)	խլել	[χlel]
steken (met een mes)	մորթել	[mortʰél]
verminken (ww)	խեղանդամացնել	[χeǵandamatsʰnél]
verwonden (ww)	վիրավորել	[viravorél]

chantage (de)	շորթում	[šortʰúm]
chanteren (ww)	շորթել	[šortʰél]
chanteur (de)	շորթումնագործ	[šortʰumnagórts]

afpersing (de)	դրամաշորթություն	[dramašhortʰutʰjún]
afperser (de)	դրամաշորթ	[dramašórtʰ]
gangster (de)	ավազակ	[avazák]
maffia (de)	մաֆիա	[máfia]

kruimeldief (de)	գրպանահատ	[grpanahát]
inbreker (de)	կոտրանք կատարող	[kotránkʰ kataróǵ]
smokkelen (het)	մաքսանենգություն	[makʰsanengutʰjún]
smokkelaar (de)	մաքսանենգ	[makʰsanéng]

namaak (de)	կեղծիք	[keǵtsíkʰ]
namaken (ww)	կեղծել	[keǵtsél]
namaak-, vals (bn)	կեղծ	[keǵts]

161. De wet overtreden. Criminelen. Deel 2

verkrachting (de)	բռնաբարություն	[brnabarutʰjún]
verkrachten (ww)	բռնաբարել	[brnabarél]
verkrachter (de)	բռնաբարող	[brnabaróǵ]

maniak (de)	մոլագար	[molagár]
prostituee (de)	պոռնիկ	[porník]
prostitutie (de)	պոռնկություն	[pornkut'jún]
pooier (de)	կավատ	[kavát]

drugsverslaafde (de)	թմրամոլ	[t'mramól]
drugshandelaar (de)	թմրավաճառ	[t'mravačár]

opblazen (ww)	պայթեցնել	[pajt'ets'nél]
explosie (de)	պայթյուն	[pajt'jún]
in brand steken (ww)	հրկիզել	[hrkizél]
brandstichter (de)	հրկիզող	[hrkizóǵ]

terrorisme (het)	ահաբեկչություն	[ahabekčut'jún]
terrorist (de)	ահաբեկիչ	[ahabekíč]
gijzelaar (de)	պատանդ	[patánd]

bedriegen (ww)	խաբել	[xabél]
bedrog (het)	խաբեություն	[xabeut'jún]
oplichter (de)	խարդախ	[xardáx]

omkopen (ww)	կաշառել	[kašarél]
omkoperij (de)	կաշառք	[kašárk']
smeergeld (het)	կաշառք	[kašárk']

vergif (het)	թույն	[t'ujn]
vergiftigen (ww)	թունավորել	[t'unavorél]
vergif innemen (ww)	թունավորվել	[t'unavorél]

zelfmoord (de)	ինքնասպանություն	[ink'naspanut'jún]
zelfmoordenaar (de)	ինքնասպան	[ink'naspán]

bedreigen (bijv. met een pistool)	սպառնալ	[sparnál]
bedreiging (de)	սպառնալիք	[sparnalík']
een aanslag plegen	մահափորձ կատարել	[mahap'órdz katarél]
aanslag (de)	մահափորձ	[mahap'órdz]

stelen (een auto)	առևանգել	[arevangél]
kapen (een vliegtuig)	առևանգել	[arevangél]

wraak (de)	վրեժ	[vreʒ]
wreken (ww)	վրեժ լուծել	[vreʒ lutsél]

martelen (gevangenen)	խոշտանգել	[xoštangél]
foltering (de)	խոշտանգում	[xoštangúm]
folteren (ww)	խոշտանգել	[xoštangél]

piraat (de)	ծովահեն	[tsovahén]
straatschender (de)	խուլիգան	[xuligán]

gewapend (bn)	զինված	[zináts]
geweld (het)	բռնություն	[brnut'jún]

spionage (de)	լրտեսություն	[lrtesut'jún]
spioneren (ww)	լրտեսել	[lrtesél]

149

162. Politie. Wet. Deel 1

justitie (de)	դատ	[dat]
gerechtshof (het)	դատարան	[datarán]
rechter (de)	դատավոր	[datavór]
jury (de)	ատենակալ	[atenakál]
juryrechtspraak (de)	ատենակալների դատարան	[atenakalnerí datarán]
berechten (ww)	դատել	[datél]
advocaat (de)	փաստաբան	[pʰastabán]
beklaagde (de)	ամբաստանյալ	[ambastanjál]
beklaagdenbank (de)	ամբաստանյալների աթոռ	[ambastanjalnerí atʰór]
beschuldiging (de)	մեղադրանք	[meǵadránkʰ]
beschuldigde (de)	մեղադրյալ	[meǵadrjál]
vonnis (het)	դատավճիռ	[datavčír]
veroordelen	դատապարտել	[datapartél]
(in een rechtszaak)		
schuldige (de)	հանցավոր	[hantsʰavór]
straffen (ww)	պատժել	[patʒél]
bestraffing (de)	պատժամիջոց	[patʒamidʒótsʰ]
boete (de)	տուգանք	[tugánkʰ]
levenslange opsluiting (de)	գումah բանտարկություն	[tsʰmáh bantarkutʰjún]
doodstraf (de)	մահապատիժ	[mahapatíʒ]
elektrische stoel (de)	էլեկտրական աթոռ	[ēlektrakán atʰór]
schavot (het)	կախաղան	[kaχaǵán]
executeren (ww)	մահապատժի ենթարկել	[mahapatʒí entʰarkél]
executie (de)	մահապատիժ	[mahapatíʒ]
gevangenis (de)	բանտ	[bant]
cel (de)	բանտախցիկ	[bantaχtsʰík]
konvooi (het)	պահակախումբ	[pahakaχúmb]
gevangenisbewaker (de)	հսկիչ	[hskič]
gedetineerde (de)	բանտարկյալ	[bantarkjál]
handboeien (mv.)	ձեռնաշղթաներ	[dzernašǵtʰanér]
handboeien omdoen	ձեռնաշղթաներ հագցնել	[dzernašǵtʰanér hagtsʰnél]
ontsnapping (de)	փախուստ	[pʰaχúst]
ontsnappen (ww)	փախչել	[pʰaχčél]
verdwijnen (ww)	անհայտանալ	[anhajtanál]
vrijlaten (uit de gevangenis)	ազատել	[azatél]
amnestie (de)	ներում	[nerúm]
politie (de)	ոստիկանություն	[vostikanutʰjún]
politieagent (de)	ոստիկան	[vostikán]
politiebureau (het)	ոստիկանության բաժանմունք	[vostikanutʰján baʒanmúnkʰ]
knuppel (de)	ռետինե մահակ	[retiné mahák]

megafoon (de)	խոսափող	[χosapʰóg]
patrouilleerwagen (de)	պարեկային ավտոմեքենա	[parekajín avtomekʰená]
sirene (de)	շչակ	[ščak]
de sirene aansteken	շչակը միացնել	[ščákə miatsʰnél]
geloei (het) van de sirene	շչակի ոռնոց	[ščakí vornótsʰ]

plaats delict (de)	դեպքի վայր	[depkʰí vajr]
getuige (de)	վկա	[vka]
vrijheid (de)	ազատություն	[azatutʰjún]
handlanger (de)	հանցակից	[hantsʰakítsʰ]
ontvluchten (ww)	փախչել	[pʰaχčél]
spoor (het)	հետք	[hetkʰ]

163. Politie. Wet. Deel 2

opsporing (de)	հետապնդություն	[hetakʰnnutʰjún]
opsporen (ww)	փնտրել	[pʰntrel]
verdenking (de)	կասկած	[kaskáts]
verdacht (bn)	կասկածելի	[kaskatselí]
aanhouden (stoppen)	կանգնեցնել	[kangnetsʰnél]
tegenhouden (ww)	ձերբակալել	[dzerbakalél]

strafzaak (de)	գործ	[gorts]
onderzoek (het)	հետապնդություն	[hetakʰnnutʰjún]
detective (de)	խուզարկու	[χuzarkú]
onderzoeksrechter (de)	քննիչ	[kʰnnič]
versie (de)	վարկած	[varkáts]

motief (het)	շարժառիթ	[šarʒarítʰ]
verhoor (het)	հարցաքննություն	[hartsʰakʰnnutʰjún]
ondervragen (door de politie)	հարցաքննել	[hartsak'nnél]
ondervragen (omstanders ~)	հարցաքննել	[hartsʰakʰnnél]
controle (de)	ստուգում	[stugúm]

razzia (de)	շուրջկալ	[šurdʒkál]
huiszoeking (de)	խուզարկություն	[χuzarkutʰjún]
achtervolging (de)	հետապնդում	[hetapndúm]
achtervolgen (ww)	հետապնդել	[hetapndél]
opsporen (ww)	հետևել	[hetevél]

arrest (het)	ձերբակալություն	[dzerbakalutʰjún]
arresteren (ww)	ձերբակալել	[dzerbakalél]
vangen, aanhouden (een dief, enz.)	բռնել	[brnel]
aanhouding (de)	բռնելը	[brnelə]

document (het)	փաստաթուղթ	[pʰastatʰúgtʰ]
bewijs (het)	ապացույց	[apatsʰújtsʰ]
bewijzen (ww)	ապացուցել	[apatsʰutsʰél]
voetspoor (het)	հետք	[hetkʰ]
vingerafdrukken (mv.)	մատնահետքեր	[matnahetkʰér]
bewijs (het)	հանգամանշան	[hantsʰanšán]
alibi (het)	ալիբի	[álibi]
onschuldig (bn)	անմեղ	[anmég]

onrecht (het)	անարդարություն	[anardarutʰjún]
onrechtvaardig (bn)	անարդար	[anardár]
crimineel (bn)	բրենական	[kʰreakán]
confisqueren	բոնագրավել	[brnagravél]
(in beslag nemen)		
drug (de)	թմրանութ	[tʰmranjútʰ]
wapen (het)	զենք	[zenkʰ]
ontwapenen (ww)	զինաթափել	[zinatʰapʰél]
bevelen (ww)	հրամայել	[hramajél]
verdwijnen (ww)	անհետանալ	[anhetanál]
wet (de)	օրենք	[orénkʰ]
wettelijk (bn)	օրինական	[orinakán]
onwettelijk (bn)	անօրինական	[anorinakán]
verantwoordelijkheid (de)	պատասխանատվություն	[patasχanatvutʰjún]
verantwoordelijk (bn)	պատասխանատու	[patasχanatú]

NATUUR

De Aarde. Deel 1

164. De kosmische ruimte

kosmos (de)	տիեզերք	[tiezérkʰ]
kosmisch (bn)	տիեզերական	[tiezerakán]
kosmische ruimte (de)	տիեզերական տարածություն	[tiezerakán taratsutʰjún]

wereld (de)	աշխարհ	[ašҳárh]
heelal (het)	տիեզերք	[tiezérkʰ]
sterrenstelsel (het)	գալակտիկա	[galáktika]

ster (de)	աստղ	[astǵ]
sterrenbeeld (het)	համաստեղություն	[hamasteǵutʰjún]
planeet (de)	մոլորակ	[molorák]
satelliet (de)	արբանյակ	[arbanják]

meteoriet (de)	երկնաքար	[erknakʰár]
komeet (de)	գիսաստղ	[gisástǵ]
asteroïde (de)	աստղակերպ	[astǵakérp]

baan (de)	ուղեծիր	[uǵetsír]
draaien (om de zon, enz.)	պտտվել	[ptətvél]
atmosfeer (de)	մթնոլորտ	[mtʰnolórt]

Zon (de)	արեգակ	[aregák]
zonnestelsel (het)	արեգակնային համակարգ	[aregaknajín hamakárg]
zonsverduistering (de)	արևի խավարում	[areví ҳavarúm]

Aarde (de)	Երկիր	[erkír]
Maan (de)	Լուսին	[lusín]

Mars (de)	Մարս	[mars]
Venus (de)	Վեներա	[venéra]
Jupiter (de)	Յուպիտեր	[jupíter]
Saturnus (de)	Սատուրն	[satúrn]

Mercurius (de)	Մերկուրի	[merkúri]
Uranus (de)	Ուրան	[urán]
Neptunus (de)	Նեպտուն	[neptún]
Pluto (de)	Պլուտոն	[plutón]

Melkweg (de)	Կաթնածիր	[katʰnatsír]
Grote Beer (de)	Մեծ Արջ	[mets ardʒ]
Poolster (de)	Բևեռային Աստղ	[beverajín ástǵ]
marsmannetje (het)	Մարսի բնակիչ	[marsí bnakíč]

buitenaards wezen (het)	այլմոլորակային	[ajlmolorakajín]
bovenaards (het)	եկվոր	[ekvór]
vliegende schotel (de)	թռչող ափսե	[tʰrčóġ apʰsé]

ruimtevaartuig (het)	տիեզերանավ	[tiezeragnáts]
ruimtestation (het)	ուղեծրային կայան	[uġetsrajín kaján]
start (de)	մեկնաթրիչք	[meknatʰríčkʰ]

motor (de)	շարժիչ	[šarʒíč]
straalpijp (de)	փողեր	[pʰoġélkʰ]
brandstof (de)	վառելիք	[varelíkʰ]

cabine (de)	խցիկ	[xtsʰik]
antenne (de)	ալեհավաք	[alehavákʰ]
patrijspoort (de)	իլյումինատոր	[iljuminátor]
zonnebatterij (de)	արևային մարտկոց	[arevajín martkótsʰ]
ruimtepak (het)	սկաֆանդր	[skafándr]

gewichtloosheid (de)	անկշռություն	[ankšrutʰjún]
zuurstof (de)	թթվածին	[tʰtʰvatsín]

koppeling (de)	միակցում	[miaktsʰúm]
koppeling maken	միակցում կատարել	[miaktsʰúm katarél]

observatorium (het)	աստղադիտարան	[astġaditarán]
telescoop (de)	աստղադիտակ	[astġaditák]
waarnemen (ww)	հետևել	[hetevél]
exploreren (ww)	հետազոտել	[hetazotél]

165. De Aarde

Aarde (de)	Երկիր	[erkír]
aardbol (de)	երկրագունդ	[erkragúnd]
planeet (de)	մոլորակ	[molorák]

atmosfeer (de)	մթնոլորտ	[mtʰnolórt]
aardrijkskunde (de)	աշխարհագրություն	[ašxarhagrutʰjún]
natuur (de)	բնություն	[bnutʰjún]

wereldbol (de)	գլոբուս	[globús]
kaart (de)	քարտեզ	[kʰartéz]
atlas (de)	ատլաս	[atlás]

Europa (het)	Եվրոպա	[evrópa]
Azië (het)	Ասիա	[ásia]
Afrika (het)	Աֆրիկա	[áfrika]
Australië (het)	Ավստրալիա	[avstrália]

Amerika (het)	Ամերիկա	[amérika]
Noord-Amerika (het)	Հյուսիսային Ամերիկա	[hjusisajín amérika]
Zuid-Amerika (het)	Հարավային Ամերիկա	[haravajín amérika]

Antarctica (het)	Անտարկտիդա	[antarktída]
Arctis (de)	Արկտիկա	[árktika]

166. Windrichtingen

noorden (het)	հյուսիս	[hjusís]
naar het noorden	դեպի հյուսիս	[depí hjusís]
in het noorden	հյուսիսում	[hjusisúm]
noordelijk (bn)	հյուսիսային	[hjusisajín]

zuiden (het)	հարավ	[haráv]
naar het zuiden	դեպի հարավ	[depí haráv]
in het zuiden	հարավում	[haravúm]
zuidelijk (bn)	հարավային	[haravajín]

westen (het)	արևմուտք	[arevmútkʰ]
naar het westen	դեպի արևմուտք	[depí arevmútkʰ]
in het westen	արևմուտքում	[arevmutkʰúm]
westelijk (bn)	արևմտյան	[arevmtján]

oosten (het)	արևելք	[arevélkʰ]
naar het oosten	դեպի արևելք	[depí arevélkʰ]
in het oosten	արևելքում	[arevelkʰúm]
oostelijk (bn)	արևելյան	[areveljàn]

167. Zee. Oceaan

zee (de)	ծով	[tsov]
oceaan (de)	օվկիանոս	[ovkianós]
golf (baai)	ծոց	[tsotsʰ]
straat (de)	նեղուց	[neǧútsʰ]

grond (vaste grond)	գոամք	[tsʰamákʰ]
continent (het)	մայրցամաք	[majrtsʰamákʰ]
eiland (het)	կղզի	[kǵzi]
schiereiland (het)	թերակղզի	[tʰerakǵzí]
archipel (de)	արշիպելագ	[aršipelág]

baai, bocht (de)	ծովախորշ	[tsovaxórš]
haven (de)	նավահանգիստ	[navahangíst]
lagune (de)	ծովալճակ	[tsovalčák]
kaap (de)	հրվանդան	[hrvandán]

atol (de)	ատոլ	[atól]
rif (het)	խութ	[xutʰ]
koraal (het)	մարջան	[mardʒán]
koraalrif (het)	մարջանախութ	[mardʒanaxútʰ]

diep (bn)	խորը	[xórə]
diepte (de)	խորություն	[xorutʰjún]
diepzee (de)	անդունդ	[andúnd]
trog (bijv. Marianentrog)	ծովախորշ	[tsovaxórš]

stroming (de)	հոսանք	[hosánkʰ]
omspoelen (ww)	ողողել	[voǧoǧél]
oever (de)	ափ	[apʰ]

kust (de)	ծովափ	[tsováp^h]
vloed (de)	մակընթացություն	[makənt^hats^hut^hjún]
eb (de)	տեղատվություն	[teġatvut^hjún]
ondiepte (ondiep water)	արահետ ծանծաղուտ	[arap^hnjá tsantsaġút]
bodem (de)	հատակ	[haták]

golf (hoge ~)	ալիք	[alík^h]
golfkam (de)	ալիքի կատար	[alik^hí katár]
schuim (het)	փրփուր	[p^hrp^hur]

storm (de)	փոթորիկ	[p^hot^horík]
orkaan (de)	մրրիկ	[mrrik]
tsunami (de)	ցունամի	[ts^hunámi]
windstilte (de)	խաղաղություն	[xaġaġut^hjún]
kalm (bijv. ~e zee)	հանգիստ	[hangíst]

pool (de)	բևեռ	[bevér]
polair (bn)	բևեռային	[beverajín]

breedtegraad (de)	լայնություն	[lajnut^hjún]
lengtegraad (de)	երկարություն	[erkarut^hjún]
parallel (de)	զուգահեռական	[zugaherakán]
evenaar (de)	հասարակած	[hasarakáts]

hemel (de)	երկինք	[erkínk^h]
horizon (de)	հորիզոն	[horizón]
lucht (de)	օդ	[od]

vuurtoren (de)	փարոս	[p^harós]
duiken (ww)	սուզվել	[suzvél]
zinken (ov. een boot)	խորտակվել	[xortakvél]
schatten (mv.)	գանձեր	[gandzér]

168. Bergen

berg (de)	լեռ	[ler]
bergketen (de)	լեռնաշղթա	[lernašġt^há]
gebergte (het)	լեռնագագաթ	[lernagagát^h]

bergtop (de)	գագաթ	[gagát^h]
bergpiek (de)	լեռնագագաթ	[lernagagát^h]
voet (ov. de berg)	ստորոտ	[storót]
helling (de)	սարալանջ	[saralándʒ]

vulkaan (de)	հրաբուխ	[hrabúx]
actieve vulkaan (de)	գործող հրաբուխ	[gortsóġ hrabúx]
uitgedoofde vulkaan (de)	հանգած հրաբուխ	[hangáts hrabúx]

uitbarsting (de)	ժայթքում	[ʒajt^hk^húm]
krater (de)	խառնարան	[xarnarán]
magma (het)	մագմա	[mágma]
lava (de)	լավա	[láva]
gloeiend (~e lava)	շիկացած	[šikats^háts]
kloof (canyon)	խնձահովիտ	[xndzahovít]

| bergkloof (de) | կիրճ | [kirč] |
| spleet (de) | նեղ կիրճ | [neġ kirč] |

bergpas (de)	լեռնանցք	[lernántsʰkʰ]
plateau (het)	սարահարթ	[sarahártʰ]
klip (de)	ժայռ	[ʒajr]
heuvel (de)	բլուր	[blur]

gletsjer (de)	սառցադաշտ	[sartsʰadášt]
waterval (de)	ջրվեժ	[dʒrveʒ]
geiser (de)	գեյզեր	[géjzer]
meer (het)	լիճ	[lič]

vlakte (de)	հարթավայր	[hartʰavájr]
landschap (het)	բնատեսարան	[bnatesarán]
echo (de)	արձագանք	[ardzagánkʰ]

alpinist (de)	լեռնագնաց	[lernagnátsʰ]
bergbeklimmer (de)	ժայռամագլցող	[ʒajramaglʦʰóġ]
trotseren (berg ~)	գերել	[gerél]
beklimming (de)	վերելք	[verélkʰ]

169. Rivieren

rivier (de)	գետ	[get]
bron (~ van een rivier)	աղբյուր	[aġbjúr]
rivierbedding (de)	հուն	[hun]
rivierbekken (het)	ջրավազան	[dʒravazán]
uitmonden in ...	թափվել	[tʰapʰvél]

| zijrivier (de) | վտակ | [vtak] |
| oever (de) | ափ | [apʰ] |

stroming (de)	հոսանք	[hosánkʰ]
stroomafwaarts (bw)	հոսանքն ի վայր	[hosánkʰn í vájr]
stroomopwaarts (bw)	հոսանքն ի վեր	[hosánkʰn í vér]

overstroming (de)	հեղեղում	[heġeġúm]
overstroming (de)	վարարություն	[vararutʰjún]
buiten zijn oevers treden	վարարել	[vararél]
overstromen (ww)	հեղեղել	[heġeġél]

| zandbank (de) | ծանծաղուտ | [ʦanʦaġút] |
| stroomversnelling (de) | սահանք | [sahánkʰ] |

dam (de)	ամբարտակ	[ambarták]
kanaal (het)	ջրանցք	[dʒránʦʰkʰ]
spaarbekken (het)	ջրամբար	[dʒrambár]
sluis (de)	ջրագելակ	[dʒragelák]

waterlichaam (het)	ջրավազան	[dʒravazán]
moeras (het)	ճահիճ	[čahíč]
broek (het)	ճահճուտ	[čahčút]
draaikolk (de)	հորձանուտ	[hordzanút]

stroom (de)	առու	[arú]
drink- (abn)	խմելու	[xmelú]
zoet (~ water)	քաղցրահամ	[kʰaġtsʰrahám]

ijs (het)	սառույց	[sarújtsʰ]
bevriezen (rivier, enz.)	սառչել	[sarčél]

170. Bos

bos (het)	անտառ	[antár]
bos- (abn)	անտառային	[antarajín]

oerwoud (dicht bos)	թավուտ	[tʰavút]
bosje (klein bos)	պուրակ	[purák]
open plek (de)	բացատ	[batsʰát]

struikgewas (het)	մացառուտ	[matsʰarút]
struiken (mv.)	թփուտ	[tʰpʰut]

paadje (het)	կածան	[katsán]
ravijn (het)	ձորակ	[dzorák]

boom (de)	ծառ	[tsar]
blad (het)	տերև	[terév]
gebladerte (het)	տերևներ	[terevnér]

vallende bladeren (mv.)	տերևաթափի	[terevatʰápʰ]
vallen (ov. de bladeren)	թափվել	[tʰapʰvél]
boomtop (de)	կատար	[katár]

tak (de)	ճյուղ	[čjuġ]
ent (de)	ոստ	[vost]
knop (de)	բողբոջ	[boġbódʒ]
naald (de)	փուշ	[pʰuš]
dennenappel (de)	եղևնի	[elúnd]

boom holte (de)	փչակ	[pʰčak]
nest (het)	բույն	[bujn]
hol (het)	որջ	[vordʒ]

stam (de)	բուն	[bun]
wortel (bijv. boom~s)	արմատ	[armát]
schors (de)	կեղև	[keġév]
mos (het)	մամուռ	[mamúr]

ontwortelen (een boom)	արմատախիլ անել	[armataxíl anél]
kappen (een boom ~)	հատել	[hatél]
ontbossen (ww)	անտառահատել	[antarahatél]
stronk (de)	կոճղ	[kočġ]

kampvuur (het)	խարույկ	[xarújk]
bosbrand (de)	հրդեհ	[hrdeh]
blussen (ww)	հանգցնել	[hangtsʰnél]
boswachter (de)	անտառապահ	[antarapáh]

bescherming (de)	պաշպանություն	[pahpanutʰjún]
beschermen	պաշպանել	[pahpanél]
(bijv. de natuur ~)		
stroper (de)	որսագող	[vorsagóǵ]
val (de)	թակարդ	[tʰakárd]

plukken (vruchten, enz.)	հավաքել	[havakʰél]
verdwalen (de weg kwijt zijn)	մոլորվել	[molorvél]

171. Natuurlijke hulpbronnen

natuurlijke rijkdommen (mv.)	բնական ռեսուրսներ	[bnakán resursnér]
delfstoffen (mv.)	օգտակար հանածոներ	[ogtakár hanatsonér]
lagen (mv.)	հանքաշերտ	[hankʰašért]
veld (bijv. olie~)	հանքավայր	[hankʰavájr]

winnen (uit erts ~)	արդյունահանել	[ardjunahanél]
winning (de)	արդյունահանում	[ardjunahanúm]
erts (het)	հանքաքար	[hankʰakʰár]
mijn (bijv. kolenmijn)	հանք	[hankʰ]
mijnschacht (de)	հորան	[horán]
mijnwerker (de)	հանքափոր	[hankʰapʰór]

gas (het)	գազ	[gaz]
gasleiding (de)	գազատար	[gazatár]

olie (aardolie)	նավթ	[navtʰ]
olieleiding (de)	նավթատար	[navtʰatár]
oliebron (de)	նավթային աշտարակ	[navtʰajín aĉtarák]
boortoren (de)	հորատման աշտարակ	[horatmán aštarák]
tanker (de)	լցանավ	[ltsʰanáv]

zand (het)	ավազ	[aváz]
kalksteen (de)	կրաքար	[krakʰár]
grind (het)	խիճ	[χič]
veen (het)	տորֆ	[torf]
klei (de)	կավ	[kav]
steenkool (de)	ածուխ	[atsúχ]

ijzer (het)	երկաթ	[erkátʰ]
goud (het)	ոսկի	[voskí]
zilver (het)	արծաթ	[artsátʰ]
nikkel (het)	նիկել	[nikél]
koper (het)	պղինձ	[pǵindz]

zink (het)	ցինկ	[tsʰink]
mangaan (het)	մանգան	[mangán]
kwik (het)	սնդիկ	[sndik]
lood (het)	արճիճ	[arčíč]

mineraal (het)	հանքանյութ	[hankʰanjútʰ]
kristal (het)	բյուրեղ	[bjuréǵ]
marmer (het)	մարմար	[marmár]
uraan (hot)	ուրան	[urán]

De Aarde. Deel 2

172. Weer

weer (het)	եղանակ	[eġanák]
weersvoorspelling (de)	եղանակի տեսություն	[eġanakí tesutʰjún]
temperatuur (de)	ջերմաստիճան	[dʒermastičán]
thermometer (de)	ջերմաչափ	[dʒermačápʰ]
barometer (de)	ճնշաչափ	[tsanračápʰ]
vochtigheid (de)	խոնավություն	[χonavutʰjún]
hitte (de)	տապ	[tap]
heet (bn)	շոգ	[šog]
het is heet	շոգ է	[šog ē]
het is warm	տաք է	[takʰ ē]
warm (bn)	տաք	[takʰ]
het is koud	ցուրտ է	[tsʰúrt ē]
koud (bn)	սառը	[sárə]
zon (de)	արև	[arév]
schijnen (de zon)	շողալ	[šoġál]
zonnig (~e dag)	արևային	[arevajín]
opgaan (ov. de zon)	ծագել	[tsagél]
ondergaan (ww)	մայր մտնել	[majr mtnel]
wolk (de)	ամպ	[amp]
bewolkt (bn)	ամպամած	[ampamáts]
regenwolk (de)	թուխպ	[tʰuχp]
somber (bn)	ամպամած	[ampamáts]
regen (de)	անձրև	[andzrév]
het regent	անձրև է գալիս	[andzrév ē galís]
regenachtig (bn)	անձրևային	[andzrevajín]
motregenen (ww)	մաղել	[maġél]
plensbui (de)	տեղատարափ անձրև	[teġatarápʰ andzrév]
stortbui (de)	տեղատարափ անձրև	[teġatarápʰ andzrév]
hard (bn)	տարափ	[tarápʰ]
plas (de)	ջրակույտ	[dʒrakújt]
nat worden (ww)	թրջվել	[tʰrdʒvel]
mist (de)	մառախուղ	[maraχúġ]
mistig (bn)	մառախլապատ	[maraχlapát]
sneeuw (de)	ձյուն	[dzjun]
het sneeuwt	ձյուն է գալիս	[dzjún ē galís]

173. Zwaar weer. Natuurrampen

noodweer (storm)	փոթորիկ	[pʰotʰoрík]
bliksem (de)	կայծակ	[kajtsák]
flitsen (ww)	փայլատակել	[pʰajlatakél]

donder (de)	որոտ	[vorót]
donderen (ww)	որոտալ	[vorotál]
het dondert	ամպերը որոտում են	[ampérə vorotúm én]

| hagel (de) | կարկուտ | [karkút] |
| het hagelt | կարկուտ է գալիս | [karkút ē galís] |

| overstromen (ww) | հեղեղել | [heģeģél] |
| overstroming (de) | հեղեղում | [heģeģúm] |

aardbeving (de)	երկրաշարժ	[erkrašárʒ]
aardschok (de)	ցնցում	[tsʰntsʰum]
epicentrum (het)	էպիկենտրոն	[ēpikentrón]

| uitbarsting (de) | ժայթքում | [ʒajtʰkʰúm] |
| lava (de) | լավա | [láva] |

wervelwind (de)	մրրկասյուն	[mrrkasjún]
windhoos (de)	տորնադո	[tornádo]
tyfoon (de)	տայֆուն	[tajfún]

orkaan (de)	մրրիկ	[mrrik]
storm (de)	փոթորիկ	[pʰotʰorík]
tsunami (de)	ցունամի	[tsʰunámí]

cycloon (de)	ցիկլոն	[tsʰiklón]
onweer (het)	վատ եղանակ	[vat eģanák]
brand (de)	հրդեհ	[hrdeh]
ramp (de)	աղետ	[aģét]
meteoriet (de)	երկնաքար	[erknakʰár]

lawine (de)	հուսին	[husín]
sneeuwverschuiving (de)	ձնահյուս	[dznahjús]
sneeuwjacht (de)	բուք	[bukʰ]
sneeuwstorm (de)	բորան	[borán]

Fauna

174. Zoogdieren. Roofdieren

roofdier (het)	գիշատիչ	[gišatíč]
tijger (de)	վագր	[vagr]
leeuw (de)	առյուծ	[arjúʦ]
wolf (de)	գայլ	[gajl]
vos (de)	աղվես	[aǵvés]

jaguar (de)	հովազ	[hováz]
luipaard (de)	ընձառյուծ	[əndzarjúʦ]
jachtluipaard (de)	շնակատու	[šnakatú]

panter (de)	հովազ	[hováz]
poema (de)	կուգուար	[kuguár]
sneeuwluipaard (de)	ձյունածերմակ հովազ	[dzjunačermák hováz]
lynx (de)	լուսան	[lusán]

coyote (de)	կոյոտ	[kojót]
jakhals (de)	շնագայլ	[šnagájl]
hyena (de)	բորենի	[borení]

175. Wilde dieren

dier (het)	կենդանի	[kendaní]
beest (het)	գազան	[gazán]

eekhoorn (de)	սկյուռ	[skjur]
egel (de)	ոզնի	[vozní]
haas (de)	նապաստակ	[napasták]
konijn (het)	ճագար	[čagár]

das (de)	փորսուղ	[pʰorsúǵ]
wasbeer (de)	ջրարջ	[dʒrardʒ]
hamster (de)	գերմանամուկ	[germanamúk]
marmot (de)	արջամուկ	[ardʒamúk]

mol (de)	խլուրդ	[χlurd]
muis (de)	մուկ	[muk]
rat (de)	առնետ	[arnét]
vleermuis (de)	չղջիկ	[čǧdʒik]

hermelijn (de)	կնգում	[kngum]
sabeldier (het)	սամույր	[samújr]
marter (de)	կզաքիս	[kzakʰís]
wezel (de)	աքիս	[akʰís]
nerts (de)	ջրաքիս	[dʒrakʰís]

bever (de)	կուղբ	[kuǵb]
otter (de)	ջրասամույր	[dȝrasamújr]
paard (het)	ձի	[dzi]
eland (de)	որմզդեղն	[vormzdéǵn]
hert (het)	եղջերու	[eǵdȝerú]
kameel (de)	ուղտ	[uǵt]
bizon (de)	բիզոն	[bizón]
wisent (de)	վայրի գոմեշ	[vajrí tsʰul]
buffel (de)	գոմեշ	[goméš]
zebra (de)	զեբր	[zebr]
antilope (de)	այծեղջերու	[ajtseǵdȝerú]
ree (de)	այծյամ	[ajtsjám]
damhert (het)	եղնիկ	[eǵník]
gems (de)	քարայծ	[kʰarájts]
everzwijn (het)	վարազ	[varáz]
walvis (de)	կետ	[ket]
rob (de)	փոկ	[pʰok]
walrus (de)	ծովափիղ	[tsovapʰíg]
zeebeer (de)	ծովարջ	[tsovárdȝ]
dolfijn (de)	դելֆին	[delfín]
beer (de)	արջ	[ardȝ]
ijsbeer (de)	սպիտակ արջ	[spiták árdȝ]
panda (de)	պանդա	[pánda]
aap (de)	կապիկ	[kapík]
chimpansee (de)	շիմպանզե	[šimpanzé]
orang-oetan (de)	օրանգուտանգ	[orangutáng]
gorilla (de)	գորիլլա	[gorílla]
makaak (de)	մակակա	[makáka]
gibbon (de)	գիբբոն	[gibbón]
olifant (de)	փիղ	[pʰiǵ]
neushoorn (de)	ռնգեղջյուր	[rngeǵdȝjúr]
giraffe (de)	ընձուղտ	[əndzúǵt]
nijlpaard (het)	գետաձի	[getadzí]
kangoeroe (de)	ագևազ	[agevázz]
koala (de)	կոալա	[koála]
mangoest (de)	մանգուստ	[mangúst]
chinchilla (de)	շինշիլա	[šinšíla]
stinkdier (het)	սկունս	[skuns]
stekelvarken (het)	խոզուկ	[xozúk]

176. Huisdieren

poes (de)	կատու	[katú]
kater (de)	կատու	[katú]
hond (de)	շուն	[šun]

163

paard (het)	ձի	[dzi]
hengst (de)	հովատակ	[hováták]
merrie (de)	զամբիկ	[zambík]

koe (de)	կով	[kov]
bul, stier (de)	ցուլ	[tsʰul]
os (de)	եզ	[ez]

schaap (het)	ոչխար	[vočχár]
ram (de)	խոյ	[χoj]
geit (de)	այծ	[ajts]
bok (de)	այծ	[ajts]

ezel (de)	ավանակ	[avanák]
muilezel (de)	ջորի	[dʒorí]

varken (het)	խոզ	[χoz]
biggetje (het)	գոճի	[gočí]
konijn (het)	ճագար	[čagár]

kip (de)	հավ	[hav]
haan (de)	աքլոր	[akʰlór]

eend (de)	բադ	[bad]
woerd (de)	բադակլոր	[badakʰlór]
gans (de)	սագ	[sag]

kalkoen haan (de)	հնդկահավ	[hndkaháv]
kalkoen (de)	հնդկահավ	[hndkaháv]

huisdieren (mv.)	ընտանի կենդանիներ	[əntaní kendaninér]
tam (bijv. hamster)	ձեռնասուն	[dzernasún]
temmen (tam maken)	ընտելացնել	[əntelatsʰnél]
fokken (bijv. paarden ~)	բուծել	[butsél]

boerderij (de)	ֆերմա	[férma]
gevogelte (het)	ընտանի թռչուններ	[əntaní tʰrčunnér]
rundvee (het)	անասուն	[anasún]
kudde (de)	նախիր	[naχír]

paardenstal (de)	ախոռ	[aχór]
zwijnenstal (de)	խոզանոց	[χozanótsʰ]
koeienstal (de)	գոմ	[gom]
konijnenhok (het)	ճագարանոց	[čagaranótsʰ]
kippenhok (het)	հավանոց	[havanótsʰ]

177. Honden. Hondenrassen

hond (de)	շուն	[šun]
herdershond (de)	հովվաշուն	[hovvašún]
poedel (de)	պուդել	[pudél]
teckel (de)	տաքսա	[tákʰsa]
buldog (de)	բուլդոգ	[buldóg]
boxer (de)	բոքսյոր	[bokʰsjor]

mastiff (de)	մաստիֆ	[mastíf]
rottweiler (de)	ռոտվելեր	[rotvéjler]
doberman (de)	դոբերման	[dobermán]

basset (de)	բասսեթ	[bássetʰ]
bobtail (de)	բոբտեյլ	[bobtéjl]
dalmatiër (de)	դալմատինեց	[dalmatínetsʰ]
cockerspaniël (de)	կոկեր-սպանիել	[kokér spaniél]

| Newfoundlander (de) | նյուֆաունդլենդ | [njufáundlend] |
| sint-bernard (de) | սենբերնար | [senbernár] |

husky (de)	խասկի	[χáski]
chowchow (de)	չաու-չաու	[čáu čáu]
spits (de)	շպից	[špitsʰ]
mopshond (de)	մոպս	[mops]

178. Dierengeluiden

geblaf (het)	հաչոց	[hačótsʰ]
blaffen (ww)	հաչել	[hačél]
miauwen (ww)	մլավել	[mlavél]
spinnen (katten)	մլավոց	[mlavótsʰ]

loeien (ov. een koe)	բառաչել	[baračél]
brullen (stier)	մռնչալ	[mrnčal]
grommen (ov. de honden)	գռմռալ	[grmral]

gehuil (het)	ոռնոց	[vornótsʰ]
huilen (wolf, enz.)	ոռնալ	[vornál]
janken (ov. een hond)	վնգստալ	[vngstal]

mekkeren (schapen)	մկկալ	[mkəkál]
knorren (varkens)	խռնչալ	[χrnčal]
gillen (bijv. varken)	կաղկանձել	[kaǵkandzél]

kwaken (kikvorsen)	կռկռալ	[krkral]
zoemen (hommel, enz.)	բզզալ	[bzzal]
tjirpen (sprinkhanen)	ծռծռալ	[črčral]

179. Vogels

vogel (de)	թռչուն	[tʰrčun]
duif (de)	աղավնի	[aǵavní]
mus (de)	ճնճղուկ	[čnčğuk]
koolmees (de)	երաշտահավ	[eraštaháv]
ekster (de)	կաչաղակ	[kačağák]

raaf (de)	ագռավ	[agráv]
kraai (de)	ագռավ	[agráv]
kauw (de)	ճայակ	[čaják]
roek (de)	սերմնագռավ	[sermnagráv]

165

eend (de)	բադ	[bad]
gans (de)	սագ	[sag]
fazant (de)	փասիան	[pʰasián]

arend (de)	արծիվ	[artsív]
havik (de)	շահեն	[šahén]
valk (de)	բազե	[bazé]
gier (de)	անգղ	[angǵ]
condor (de)	պասկուճ	[paskúč]

zwaan (de)	կարապ	[karáp]
kraanvogel (de)	կռունկ	[krunk]
ooievaar (de)	արագիլ	[aragíl]
papegaai (de)	թութակ	[tʰutʰák]
kolibrie (de)	կոլիբրի	[kolíbri]
pauw (de)	սիրամարգ	[siramárg]

struisvogel (de)	ջայլամ	[dʒajlám]
reiger (de)	ձկնկուլ	[dzknkul]
flamingo (de)	վարդաթևիկ	[vardatʰevík]
pelikaan (de)	հավալուսն	[havalúsn]

nachtegaal (de)	սոխակ	[soχák]
zwaluw (de)	ծիծեռնակ	[tsitsernák]
lijster (de)	կեռնեխ	[kernéχ]
zanglijster (de)	երգող կեռնեխ	[ergóǵ kernéχ]
merel (de)	սև կեռնեխ	[sév kernéχ]

gierzwaluw (de)	շռատիծառ	[dʒratsitsár]
leeuwerik (de)	արտույտ	[artújt]
kwartel (de)	լոր	[lor]

specht (de)	փայտփորիկ	[pʰajtpʰorík]
koekoek (de)	կկու	[kəkú]
uil (de)	բու	[bu]
oehoe (de)	բվեճ	[bveč]
auerhoen (het)	խլահավ	[χlahár]
korhoen (het)	գախախլոր	[tsʰaχakʰlór]
patrijs (de)	կաքավ	[kakʰáv]

spreeuw (de)	սարյակ	[sarják]
kanarie (de)	դեղձանիկ	[deǵdzaník]
hazelhoen (het)	ակառ	[akʰár]
vink (de)	սերինոս	[serinós]
goudvink (de)	խածկտիկ	[χatsktík]

meeuw (de)	ճայ	[čaj]
albatros (de)	ալբատրոս	[albatrós]
pinguïn (de)	պինգվին	[pingvín]

180. Vogels. Zingen en geluiden

fluiten, zingen (ww)	դայլայլել	[dajlajlél]
schreeuwen (dieren, vogels)	կանչել	[kančél]

| kraaien (ov. een haan) | ծուղրուղու կանչել | [tsuǵruǵú kančél] |
| kukeleku | ծուղրուղու | [tsuǵruǵú] |

klokken (hen)	կրթկրթալ	[krtʰkrtʰal]
krassen (kraai)	կռկռալ	[krkral]
kwaken (eend)	կռնչալ	[krnčal]
piepen (kuiken)	ծվծվալ	[tsvtsval]
tjilpen (bijv. een mus)	ճռվողել	[črvoǵél]

181. Vis. Zeedieren

brasem (de)	բրամ	[bram]
karper (de)	գետածածան	[getatsatsán]
baars (de)	պերկես	[perkés]
meerval (de)	լոքո	[lokʰó]
snoek (de)	գայլաձուկ	[gajladzúk]

| zalm (de) | սաղման | [saǵmán] |
| steur (de) | թառափ | [tʰarápʰ] |

| haring (de) | ծովատառեխ | [tsovataréx] |
| atlantische zalm (de) | սաղման ձուկ | [saǵmán dzuk] |

| makreel (de) | թյունիկ | [tʰuník] |
| platvis (de) | տափականաձուկ | [tapʰakadzúk] |

| snoekbaars (de) | շիղաձուկ | [šiǵadzúk] |
| kabeljauw (de) | ձողաձուկ | [dzoǵadzúk] |

| tonijn (de) | թյունոս | [tʰjunnós] |
| forel (de) | իշխան | [išxán] |

| paling (de) | օձաձուկ | [odzadzúk] |
| sidderrog (de) | էլեկտրավոր կատվաձուկ | [ēlektravór katvadzúk] |

| murene (de) | մուրենա | [muréna] |
| piranha (de) | պիրանյա | [piránja] |

haai (de)	շնաձուկ	[šnadzúk]
dolfijn (de)	դելֆին	[delfín]
walvis (de)	կետ	[ket]

krab (de)	ծովախեցգետին	[tsovaxetsʰgetín]
kwal (de)	մեդուզա	[medúza]
octopus (de)	ութոտնուկ	[utʰotnúk]

zeester (de)	ծովաստղ	[tsovástǵ]
zee-egel (de)	ծովոզնի	[tsovozní]
zeepaardje (het)	ծովաձի	[tsovadzí]

oester (de)	ոստրե	[vostré]
garnaal (de)	մանր ծովախեցգետին	[mánr tsovaxetsʰgetín]
kreeft (de)	օմար	[omár]
langoest (de)	լանգուստ	[langúst]

182. Amfibieën. Reptielen

slang (de)	օձ	[odz]
giftig (slang)	թունավոր	[tʰunavór]
adder (de)	իժ	[iʒ]
cobra (de)	կոբրա	[kóbra]
python (de)	պիթոն	[pitʰón]
boa (de)	վիշապօձ	[višapódz]
ringslang (de)	լորտու	[lortú]
ratelslang (de)	խարամանի	[xaramaní]
anaconda (de)	անակոնդա	[anakónda]
hagedis (de)	մողես	[moġés]
leguaan (de)	իգուանա	[iguána]
varaan (de)	վարան	[varán]
salamander (de)	սալամանդր	[salamándr]
kameleon (de)	քամելեոն	[kʰameleón]
schorpioen (de)	կարիճ	[karíč]
schildpad (de)	կրիա	[kriá]
kikker (de)	գորտ	[gort]
pad (de)	դոդոշ	[dodóš]
krokodil (de)	կոկորդիլոս	[kokordilós]

183. Insecten

insect (het)	միջատ	[midʒát]
vlinder (de)	թիթեռ	[tʰitʰér]
mier (de)	մրջուն	[mrdʒun]
vlieg (de)	ճանճ	[čanč]
mug (de)	մոծակ	[motsák]
kever (de)	բզեզ	[bzez]
wesp (de)	իշամեղու	[išameġú]
bij (de)	մեղու	[meġú]
hommel (de)	կրետ	[kret]
horzel (de)	բոռ	[bor]
spin (de)	սարդ	[sard]
spinnenweb (het)	սարդոստայն	[sardostájn]
libel (de)	ճպուր	[čpur]
sprinkhaan (de)	մորեխ	[moréx]
nachtvlinder (de)	թիթեռնիկ	[tʰitʰerník]
kakkerlak (de)	ուտիճ	[utič]
teek (de)	տիզ	[tiz]
vlo (de)	լու	[lu]
kriebelmug (de)	մլակ	[mlak]
treksprinkhaan (de)	մարախ	[maráx]
slak (de)	խխունջ	[xəxúndʒ]

krekel (de)	ծղրիդ	[tsgrid]
glimworm (de)	լուսատիտիկ	[lusatitík]
lieveheersbeestje (het)	զատիկ	[zatík]
meikever (de)	մայիսյան բզեզ	[majisján bzez]

bloedzuiger (de)	տզրուկ	[tzruk]
rups (de)	թրթուր	[tʰrtʰur]
aardworm (de)	որդ	[vord]
larve (de)	թրթուր	[tʰrtʰur]

184. Dieren. Lichaamsdelen

snavel (de)	կտուց	[ktutsʰ]
vleugels (mv.)	թևեր	[tʰevér]
poot (ov. een vogel)	տոտիկ	[totík]
verenkleed (het)	փետրավորություն	[pʰetravorutʰjún]
veer (de)	փետուր	[pʰetúr]
kuifje (het)	փունջ	[pʰompʰól]

kieuwen (mv.)	խռիկներ	[xriknér]
kuit, dril (de)	ձկնկիթ	[dzknkitʰ]
larve (de)	թրթուր	[tʰrtʰur]
vin (de)	լողաթև	[loɡatʰév]
schubben (mv.)	թեփուկ	[tʰepʰúk]

slagtand (de)	ժանիք	[ʒaníkʰ]
poot (bijv. ~ van een kat)	թաթ	[tʰatʰ]
muil (de)	մռութ	[mrutʰ]
bek (mond van dieren)	երախ	[eɾáx]
staart (de)	պոչ	[poč]
snorharen (mv.)	բեղեր	[beɡér]

| hoef (de) | սմբակ | [smbak] |
| hoorn (de) | կոտոշ | [kotóš] |

schild (schildpad, enz.)	վահան	[vahán]
schelp (de)	խեցեմորթ	[xetsʰemórtʰ]
eierschaal (de)	կեղև	[keɡév]

| vacht (de) | բուրդ | [burd] |
| huid (de) | մորթի | [mortʰí] |

185. Dieren. Leefomgevingen

| leefgebied (het) | միջավայր | [midʒavájr] |
| migratie (de) | միգրացիա | [migrátsʰia] |

berg (de)	լեռ	[ler]
rif (het)	խութ	[xutʰ]
klip (de)	ժայռ	[ʒajr]
bos (het)	անտառ	[antár]
jungle (de)	ջունգլի	[dʒunglí]

savanne (de)	սավաննա	[savánna]
toendra (de)	տունդրա	[túndra]
steppe (de)	տափաստան	[tapʰastán]
woestijn (de)	անապատ	[anapát]
oase (de)	օազիս	[oázis]
zee (de)	ծով	[ʦov]
meer (het)	լիճ	[lič]
oceaan (de)	օվկիանոս	[ovkianós]
moeras (het)	ճահիճ	[čahíč]
zoetwater- (abn)	քաղցրահամ	[kʰaġtsʰrahám]
vijver (de)	լճակ	[lčak]
rivier (de)	գետ	[get]
berenhol (het)	որջ	[vorʤ]
nest (het)	բույն	[bujn]
boom holte (de)	փչակ	[pʰčak]
hol (het)	որջ	[vorʤ]
mierenhoop (de)	մրջնաբույն	[mrʤnabújn]

Flora

186. Bomen

boom (de)	ծառ	[tsar]
loof- (abn)	սաղարթավոր	[saġartʰavór]
dennen- (abn)	փշատերև	[pʰšaterév]
groenblijvend (bn)	մշտադալար	[mštadalár]

appelboom (de)	խնձորենի	[χndzorení]
perenboom (de)	տանձենի	[tandzení]
zoete kers (de)	կեռասենի	[kerasení]
zure kers (de)	բալենի	[balení]
pruimelaar (de)	սալորենի	[salorení]

berk (de)	կեչի	[kečí]
eik (de)	կաղնի	[kaġní]
linde (de)	լորի	[lorí]
esp (de)	կաղամախի	[kaġamaχí]
esdoorn (de)	թխկի	[tʰχki]
spar (de)	եղևնի	[eġevní]
den (de)	սոճի	[sočí]
lariks (de)	կունենի	[kuení]
zilverspar (de)	րրգաձև սոճի	[brgadzév sočí]
ceder (de)	մայրի	[majrí]

populier (de)	բարդի	[bardí]
lijsterbes (de)	սնձենի	[sndzení]
wilg (de)	ուռենի	[urení]
els (de)	լաստենի	[lastení]
beuk (de)	հաճարենի	[hačarení]
iep (de)	ծփի	[tspʰi]
es (de)	հացենի	[hatsʰení]
kastanje (de)	շագանակենի	[šaganakení]

magnolia (de)	կղբի	[kġbi]
palm (de)	արմավենի	[armavení]
cipres (de)	նոճի	[nočí]

mangrove (de)	մանգրածառ	[mangratsár]
baobab (apenbroodboom)	բաոբաբ	[baobáb]
eucalyptus (de)	էվկալիպտ	[ēvkalípt]
mammoetboom (de)	սեկվոյա	[sekvója]

187. Heesters

| struik (de) | թուփ | [tʰupʰ] |
| heester (de) | թվատ | [tʰpʰut] |

| wijnstok (de) | խաղող | [χaǵóǵ] |
| wijngaard (de) | խաղողի այգի | [χaǵoǵí ajgí] |

frambozenstruik (de)	մորի	[morí]
rode bessenstruik (de)	կարմիր հաղարջ	[karmír haǵárdʒ]
kruisbessenstruik (de)	հաղարջ	[haǵárdʒ]

acacia (de)	ակացիա	[akátsʰia]
zuurbes (de)	ծորենի	[tsorení]
jasmijn (de)	հասմիկ	[hasmík]

jeneverbes (de)	գիհի	[gihí]
rozenstruik (de)	վարդենի	[vardení]
hondsroos (de)	մասուր	[masúr]

188. Champignons

paddenstoel (de)	սունկ	[sunk]
eetbare paddenstoel (de)	ուտելու սունկ	[utelú súnk]
giftige paddenstoel (de)	թունավոր սունկ	[tʰunavór sunk]
hoed (de)	գլխարկ	[glχark]
steel (de)	ոտիկ	[totík]

eekhoorntjesbrood (het)	սպիտակ սունկ	[spiták súnk]
rosse populierboleet (de)	կարմրագլուխ սունկ	[karmraglúχ súnk]
berkenboleet (de)	ճանտասունկ	[ʒantasúnk]
cantharel (de)	ձվասունկ	[dzvasúnk]
russula (de)	դարնամատիտեղ	[darnamatitéǵ]

morielje (de)	մորխ	[morχ]
vliegenzwam (de)	ճանճասպան	[čančaspán]
groene knolamaniet (de)	թունավոր սունկ	[tʰunavór sunk]

189. Vruchten. Bessen

appel (de)	խնձոր	[χndzor]
peer (de)	տանձ	[tandz]
pruim (de)	սալոր	[salór]

aardbei (de)	ելակ	[elák]
zure kers (de)	բալ	[bal]
zoete kers (de)	կեռաս	[kerás]
druif (de)	խաղող	[χaǵóǵ]

framboos (de)	մորի	[morí]
zwarte bes (de)	սև հաղարջ	[sév haǵárdʒ]
rode bes (de)	կարմիր հաղարջ	[karmír haǵárdʒ]
kruisbes (de)	հաղարջ	[haǵárdʒ]
veenbes (de)	լոռամրգի	[loramrgí]

| sinaasappel (de) | նարինջ | [naríndʒ] |
| mandarijn (de) | մանդարին | [mandarín] |

ananas (de)	արքայախնձոր	[arkʰajaχndzór]
banaan (de)	բանան	[banán]
dadel (de)	արմավ	[armáv]

citroen (de)	կիտրոն	[kitrón]
abrikoos (de)	ծիրան	[tsirán]
perzik (de)	դեղձ	[deġdz]
kiwi (de)	կիվի	[kívi]
grapefruit (de)	գրեյպֆրուտ	[grejpfrút]

bes (de)	հատապտուղ	[hataptúġ]
bessen (mv.)	հատապտուղներ	[hataptuġnér]
vossenbes (de)	հապալաս	[hapalás]
bosaardbei (de)	վայրի ելակ	[vajrí elák]
blauwe bosbes (de)	հապալաս	[hapalás]

190. Bloemen. Planten

bloem (de)	ծաղիկ	[tsaġík]
boeket (het)	ծաղկեփունջ	[tsaġkepʰúndʒ]

roos (de)	վարդ	[vard]
tulp (de)	վարդակակաչ	[vardakakáč]
anjer (de)	մեխակ	[meχák]
gladiool (de)	թրաշուշան	[tʰrašušán]

korenbloem (de)	կապույտ տերեփուկ	[kapújt terepʰúk]
klokje (het)	զանգակ	[ʐangák]
paardenbloem (de)	խատունկ	[katʰnúk]
kamille (de)	երիցուկ	[eritsʰúk]

aloë (de)	ալոե	[alóe]
cactus (de)	կակտուս	[káktus]
ficus (de)	ֆիկուս	[fíkus]

lelie (de)	շուշան	[šušán]
geranium (de)	խորդենի	[χordení]
hyacint (de)	հակինթ	[hakíntʰ]

mimosa (de)	պատկարուկ	[patkarúk]
narcis (de)	նարգիզ	[nargíz]
Oost-Indische kers (de)	ջրկոտեմ	[dʒrkotém]

orchidee (de)	խոլորձ	[χolórdz]
pioenroos (de)	բացվարդ	[kʰadʒvárd]
viooltje (het)	մանուշակ	[manušák]

driekleurig viooltje (het)	եռագույն մանուշակ	[eragújn manušák]
vergeet-mij-nietje (het)	անմոռուկ	[anmorúk]
madelietje (het)	մարգարտածաղիկ	[margartatsaġík]

papaver (de)	կակաչ	[kakáč]
hennep (de)	կանեփ	[kanépʰ]
munt (de)	անանուխ	[ananúχ]

lelietje-van-dalen (het)	հովտաշուշան	[hovtašušán]
sneeuwklokje (het)	ձնծաղիկ	[dzntsaġík]

brandnetel (de)	եղինջ	[eġíndʒ]
veldzuring (de)	թրթնջուկ	[tʰrtʰndʒuk]
waterlelie (de)	շրաշուշան	[dʒrašušán]
varen (de)	ձարխոտ	[dzarχót]
korstmos (het)	քարաքոս	[kʰarakʰós]

oranjerie (de)	ջերմոց	[dʒermóts ʰ]
gazon (het)	գազոն	[gazón]
bloemperk (het)	ծաղկաթումբ	[tsaġkatʰúmb]

plant (de)	բույս	[bujs]
gras (het)	խոտ	[χot]
grasspriet (de)	խոտիկ	[χotík]

blad (het)	տերև	[terév]
bloemblad (het)	թերթիկ	[tʰertʰík]
stengel (de)	ցողուն	[tsʰoġún]
knol (de)	պալար	[palár]

scheut (de)	ծիլ	[tsil]
doorn (de)	փուշ	[pʰuš]

bloeien (ww)	ծաղկել	[tsaġkél]
verwelken (ww)	թոշնել	[tʰršnel]
geur (de)	բուրմունք	[burmúnkʰ]
snijden (bijv. bloemen ~)	կտրել	[ktrel]
plukken (bloemen ~)	պոկել	[pokél]

191. Granen, graankorrels

graan (het)	հացահատիկ	[hatsʰahatík]
graangewassen (mv.)	հացահատիկային բույսեր	[hatsʰahatikajín bujsér]
aar (de)	հասկ	[hask]

tarwe (de)	ցորեն	[tsʰorén]
rogge (de)	տարեկան	[tarekán]
haver (de)	վարսակ	[varsák]
gierst (de)	կորեկ	[korék]
gerst (de)	գարի	[garí]

maïs (de)	եգիպտացորեն	[egiptatsʰorén]
rijst (de)	բրինձ	[brindz]
boekweit (de)	հնդկացորեն	[hndkatsʰorén]

erwt (de)	սիսեռ	[sisér]
nierboon (de)	լոբի	[lobí]
soja (de)	սոյա	[sojá]
linze (de)	ոսպ	[vosp]
bonen (mv.)	լոբազգիներ	[lobazginér]

REGIONALE AARDRIJKSKUNDE

Landen. Nationaliteiten

192. Politiek. Overheid. Deel 1

politiek (de)	քաղաքականություն	[kʰaġakakanutʰjún]
politiek (bn)	քաղաքական	[kʰaġakʰakán]
politicus (de)	քաղաքական գործիչ	[kʰaġakʰakán gortsíč]
staat (land)	պետություն	[petutʰjún]
burger (de)	քաղաքացի	[kʰaġakatsʰí]
staatsburgerschap (het)	քաղաքացիություն	[kʰaġakatsʰiutʰjún]
nationaal wapen (het)	ազգային զինանշան	[azgajín zinanšán]
volkslied (het)	պետական օրհներգ	[petakán orhnérg]
regering (de)	ղեկավարություն	[ġekavarutʰjún]
staatshoofd (het)	երկրի ղեկավար	[erkrí ġekavár]
parlement (het)	խորհրդարան	[xorhrdarán]
partij (de)	կուսակցություն	[kusaktsʰutʰjún]
kapitalisme (het)	կապիտալիզմ	[kapitalízm]
kapitalistisch (bn)	կապիտալիստական	[kapitalistakán]
socialisme (het)	սոցիալիզմ	[sotsʰialízm]
socialistisch (bn)	սոցիալիստական	[sotsʰialistakán]
communisme (het)	կոմունիզմ	[komunízm]
communistisch (bn)	կոմունիստական	[komunistakán]
communist (de)	կոմունիստ	[komuníst]
democratie (de)	ժողովրդավարություն	[ʒoġovrdavarutʰjún]
democraat (de)	դեմոկրատ	[demokrát]
democratisch (bn)	ժողովրդավարական	[ʒoġovrdavarakán]
democratische partij (de)	ժողովրդավարական կուսակցություն	[ʒoġovrdavarakán kusaktsʰutʰjún]
liberaal (de)	լիբերալ	[liberál]
liberaal (bn)	լիբերալ	[liberál]
conservator (de)	պահպանողական	[pahpanoġakán]
conservatief (bn)	պահպանողական	[pahpanoġakán]
republiek (de)	հանրապետություն	[hanrapetutʰjún]
republikein (de)	հանրապետական	[hanrapetakán]
Republikeinse Partij (de)	հանրապետական կուսակցություն	[hanrapetakán kusaktsʰutʰjún]
verkiozing (de)	ընտրություններ	[əntrutʰjunnér]

kiezen (ww)	ընտրել	[əntrél]
kiezer (de)	ընտրող	[əntróg]
verkiezingscampagne (de)	ընտրաարշավ	[əntraršáv]

stemming (de)	քվեարկություն	[kʰvearkutʰjún]
stemmen (ww)	քվեարկել	[kʰvearkél]
stemrecht (het)	քվեարկության իրավունք	[kvearkutʰján iravúnkʰ]

kandidaat (de)	թեկնածու	[tʰeknatsú]
zich kandideren	թեկնածություն դնել քվեարկության	[tʰeknatsutʰjunə dnél kʰvearkutʰján]
campagne (de)	արշավ	[aršáv]

oppositie- (abn)	ընդդիմական	[ənddimakán]
oppositie (de)	ընդդիմություն	[ənddimutʰjún]

bezoek (het)	այց	[ajtsʰ]
officieel bezoek (het)	պաշտոնական այց	[paštonakán ajtsʰ]
internationaal (bn)	միջազգային	[midʒazgajín]

onderhandelingen (mv.)	բանակցություններ	[banaktsʰutʰjunnér]
onderhandelen (ww)	բանակցություններ վարել	[banaktsʰutʰjunnér varél]

193. Politiek. Overheid. Deel 2

maatschappij (de)	հասարակություն	[hasarakutʰjún]
grondwet (de)	սահմանադրություն	[sahmanadrutʰjún]
macht (politieke ~)	իշխանություն	[išχanutʰjún]
corruptie (de)	կոռուպցիա	[korúptsʰia]

wet (de)	օրենք	[orénkʰ]
wettelijk (bn)	օրինական	[orinakán]

rechtvaardigheid (de)	արդարություն	[ardarutʰjún]
rechtvaardig (bn)	արդար	[ardár]

comité (het)	կոմիտե	[komité]
wetsvoorstel (het)	օրինագիծ	[orinagíts]
begroting (de)	բյուջե	[bjudʒé]
beleid (het)	քաղաքականություն	[kʰağakakanutʰjún]
hervorming (de)	բարեփոխում	[barepʰoχúm]
radicaal (bn)	արմատական	[armatakán]

macht (vermogen)	հզորություն	[hzorutʰjún]
machtig (bn)	հզոր	[hzor]
aanhanger (de)	կողմնակից	[koǵmnakítsʰ]
invloed (de)	ազդեցություն	[azdetsʰutʰjún]

regime (het)	ռեժիմ	[reʒím]
conflict (het)	ընդհարում	[əndharúm]
samenzwering (de)	դավադրություն	[davadrutʰjún]
provocatie (de)	պրովոկացիա	[provokátsʰia]
omverwerpen (ww)	տապալել	[tapalél]
omverwerping (de)	տապալում	[tapalúm]

revolutie (de)	հեղափոխություն	[heġapʰoχutʰjún]
staatsgreep (de)	հեղաշրջում	[heġašrdʒúm]
militaire coup (de)	ռազմական հեղաշրջում	[razmakán heġašrdʒúm]

crisis (de)	ճգնաժամ	[čgnaʒám]
economische recessie (de)	տնտեսական անկում	[tntesakán ankúm]
betoger (de)	ցուցարար	[tsʰutsʰarár]
betoging (de)	ցույց	[tsʰujtsʰ]
krijgswet (de)	ռազմական դրություն	[razmakán drutʰjún]
militaire basis (de)	բազա	[báza]

| stabiliteit (de) | կայունություն | [kajunutʰjún] |
| stabiel (bn) | կայուն | [kajún] |

| uitbuiting (de) | շահագործում | [šahagortsúm] |
| uitbuiten (ww) | շահագործել | [šahagortsél] |

racisme (het)	ռասիզմ	[rasízm]
racist (de)	ռասիստ	[rasíst]
fascisme (het)	ֆաշիզմ	[fašízm]
fascist (de)	ֆաշիստ	[fašíst]

194. Landen. Diversen

vreemdeling (de)	օտարերկրացի	[otarjerkartsʰí]
buitenlands (bn)	օտարերկրյա	[otarerkrjá]
in het buitenland (bw)	արտասահմանում	[artasahmanúm]

emigrant (de)	էմիգրանտ	[ĕmɪgránt]
emigratie (de)	արտագաղթ	[artagáġtʰ]
emigreren (ww)	արտագաղթել	[artagáġtʰél]

Westen (het)	Արևմուտք	[arevmútkʰ]
Oosten (het)	Արևելք	[arevélkʰ]
Verre Oosten (het)	Հեռավոր Արևելք	[heravór arevélkʰ]

beschaving (de)	քաղաքակրթություն	[kʰaġakakanutʰjún]
mensheid (de)	մարդկություն	[mardkutʰjún]
wereld (de)	աշխարհ	[ašχárh]
vrede (de)	խաղաղություն	[χaġaġutʰjún]
wereld- (abn)	համաշխարհային	[hamašχarhajín]

vaderland (het)	հայրենիք	[hajreníkʰ]
volk (het)	ժողովուրդ	[ʒoġovúrd]
bevolking (de)	բնակչություն	[bnakčutʰjún]
mensen (mv.)	մարդիկ	[mardík]
natie (de)	ազգ	[azg]
generatie (de)	սերունդ	[serúnd]

gebied (bijv. bezette ~en)	տարածք	[tarátskʰ]
regio, streek (de)	շրջան	[šrdʒan]
deelstaat (de)	նահանգ	[naháng]
traditie (de)	ավանդույթ	[avandújtʰ]
gewoonte (de)	սովորույթ	[sovorújtʰ]

ecologie (de)	բնապահպանություն	[bnapahpanutʰjún]
Indiaan (de)	հնդիկ	[hndík]
zigeuner (de)	գնչու	[gnču]
zigeunerin (de)	գնչուհի	[gnčuhí]
zigeuner- (abn)	գնչուական	[gnčuakán]

rijk (het)	կայսրություն	[kajsrutʰjún]
kolonie (de)	գաղութ	[gaġútʰ]
slavernij (de)	ստրկություն	[strkutʰjún]
invasie (de)	արշավանք	[aršavánkʰ]
hongersnood (de)	սով	[sov]

195. Grote religieuze groepen. Bekentenissen

religie (de)	կրոն	[kron]
religieus (bn)	կրոնական	[kronakán]

geloof (het)	հավատք	[havátkʰ]
geloven (ww)	հավատալ	[havatál]
gelovige (de)	հավատացյալ	[havatatsʰjál]

atheïsme (het)	աթեիզմ	[atʰeízm]
atheïst (de)	աթեիստ	[atʰeíst]

christendom (het)	քրիստոնեություն	[kʰristoneutʰjún]
christen (de)	քրիստոնյա	[kʰristonjá]
christelijk (bn)	քրիստոնեական	[kʰristoneakán]

katholicisme (het)	Կաթոլիկություն	[katʰolikutʰjún]
katholiek (de)	կաթոլիկ	[katʰolík]
katholiek (bn)	կաթոլիկական	[katʰolikakán]

protestantisme (het)	Բողոքականություն	[boġokʰakanutʰjún]
Protestante Kerk (de)	Բողոքական եկեղեցի	[boġokʰakán ekeġetsʰí]
protestant (de)	բողոքական	[boġokʰakán]

orthodoxie (de)	Ուղղափառություն	[uġġapʰarutʰjún]
Orthodoxe Kerk (de)	Ուղղափառ եկեղեցի	[uġġapʰár ekeġetsʰí]
orthodox	ուղղափառ	[uġġapʰár]

presbyterianisme (het)	Պրեսբիտերականություն	[presbiterakanutʰjún]
Presbyteriaanse Kerk (de)	Պրեսբիտերական եկեղեցի	[presbiterakán ekeġetsʰí]
presbyteriaan (de)	պրեսբիտեր	[presbitér]

lutheranisme (het)	Լյութերական եկեղեցի	[ljutʰerakán ekeġetsʰí]
lutheraan (de)	լյութերական	[ljutʰerakán]

baptisme (het)	Բապտիզմ	[baptízm]
baptist (de)	բապտիստ	[baptíst]

Anglicaanse Kerk (de)	Անգլիական եկեղեցի	[angliakán ekeġetsʰí]
anglicaan (de)	անգլիկանացի	[angliakanatsʰí]
mormonisme (het)	Մորմոնական կրոն	[mormonakán krón]
mormoon (de)	մորմոն	[mormón]

| Jodendom (het) | Հուդայականություն | [hudajakanutʰjún] |
| jood (aanhanger van het Jodendom) | հուդայական | [hudajakán] |

| boeddhisme (het) | Բուդդայականություն | [buddajakanutʰjún] |
| boeddhist (de) | բուդդայական | [buddajakán] |

| hindoeïsme (het) | Հինդուիզմ | [hinduhízm] |
| hindoe (de) | հինդուիստ | [hinduhíst] |

islam (de)	Մահմեդականություն	[mahmedakanutʰjún]
islamiet (de)	մուսուլման	[musulmán]
islamitisch (bn)	մուսուլմանական	[musulmanakán]

| sjiisme (het) | Շիա | [šía] |
| sjiiet (de) | շիա | [šía] |

| soennisme (het) | Սուննի | [súnni] |
| soenniet (de) | սուննիտ | [súnnit] |

196. Religies. Priesters

| priester (de) | հոգևորական | [hogevorakán] |
| paus (de) | Հռոմի պապ | [hromí páp] |

monnik (de)	վանական	[vanakán]
non (de)	միանձնուհի	[miandznuhí]
pastoor (de)	պաստոր	[pástor]

abt (de)	աբբատ	[abbát]
vicaris (de)	բահանա	[kʰahaná]
bisschop (de)	եպիսկոպոս	[episkopós]
kardinaal (de)	կարդինալ	[kardinál]

predikant (de)	քարոզիչ	[kʰarozíč]
preek (de)	քարոզ	[kʰaróz]
kerkgangers (mv.)	ծխականներ	[tsχakannér]

| gelovige (de) | հավատացյալ | [havatatsʰjál] |
| atheïst (de) | աթեիստ | [atʰeíst] |

197. Geloof. Christendom. Islam

| Adam | Ադամ | [adám] |
| Eva | Եվա | [éva] |

God (de)	Աստված	[astváts]
Heer (de)	Տեր	[ter]
Almachtige (de)	Ամենազոր	[amenazór]

| zonde (de) | մեղք | [meġkʰ] |
| zondigen (ww) | մեղք գործել | [meġkʰ gortsél] |

179

zondaar (de)	մեղսագործ	[meġsagórts]
zondares (de)	մեղսագործ	[meġsagórts]
hel (de)	դժոխք	[dʒoχkʰ]
paradijs (het)	դրախտ	[draχt]
Jezus	Հիսուս	[hisús]
Jezus Christus	Հիսուս Քրիստոս	[hisús kʰristós]
Heilige Geest (de)	Սուրբ Հոգի	[surb hogí]
Verlosser (de)	Փրկիչ	[pʰrkič]
Maagd Maria (de)	Աստվածածին	[astvatsatsín]
duivel (de)	Սատանա	[sataná]
duivels (bn)	սատանայական	[satanajakán]
Satan	Սատանա	[sataná]
satanisch (bn)	սատանայական	[satanajakán]
engel (de)	հրեշտակ	[hrešták]
beschermengel (de)	պահապան հրեշտակ	[pahapán hrešták]
engelachtig (bn)	հրեշտակային	[hreštakajín]
apostel (de)	առաքյալ	[arakʰjál]
aartsengel (de)	հրեշտակապետ	[hreštakapét]
antichrist (de)	հակաքրիստոս	[hakakʰristós]
Kerk (de)	եկեղեցի	[ekeġetsʰí]
bijbel (de)	աստվածաշունչ	[astvatsašúnč]
bijbels (bn)	աստվածաշնչական	[astvatsašnčakán]
Oude Testament (het)	Հին Կտակարան	[hin ktakarán]
Nieuwe Testament (het)	Նոր Կտակարան	[nor ktakarán]
evangelie (het)	Ավետարան	[avetarán]
Heilige Schrift (de)	Սուրբ Գիրք	[surb girkʰ]
Hemel, Hemelrijk (de)	Երկնային թագավորություն	[erknajín tʰagavorutʰjún]
gebod (het)	պատվիրան	[patvirán]
profeet (de)	մարգարե	[margaré]
profetie (de)	մարգարեություն	[margareutʰjún]
Allah	Ալլահ	[alláh]
Mohammed	Մուհամեդ	[muhaméd]
Koran (de)	Ղուրան	[ġurán]
moskee (de)	մզկիթ	[mzkitʰ]
moellah (de)	մոլլա	[mollá]
gebed (het)	աղոթք	[aġótʰkʰ]
bidden (ww)	աղոթել	[aġotʰél]
pelgrimstocht (de)	ուխտագնացություն	[uχtagnatsʰutʰjún]
pelgrim (de)	ուխտագնաց	[uχtagnátsʰ]
Mekka	Մեքքա	[mékʰkʰa]
kerk (de)	եկեղեցի	[ekeġetsʰí]
tempel (de)	տաճար	[tačár]
kathedraal (de)	տաճար	[tačár]

gotisch (bn)	գոթական	[gotʰakán]
synagoge (de)	սինագոգ	[sinagóg]
moskee (de)	մզկիթ	[mzkitʰ]

kapel (de)	մատուռ	[matúr]
abdij (de)	աբբայություն	[abbajutʰjún]
nonnenklooster (het)	վանք	[vankʰ]
mannenklooster (het)	վանք	[vankʰ]

klok (de)	զանգ	[zang]
klokkentoren (de)	զանգակատուն	[zangakatún]
luiden (klokken)	զանգել	[zangél]

kruis (het)	խաչ	[χač]
koepel (de)	գմբեթ	[gmbetʰ]
icoon (de)	սրբապատկեր	[srbapatkér]

ziel (de)	հոգի	[hogí]
lot, noodlot (het)	ճակատագիր	[čakatagír]
kwaad (het)	չարիք	[čaríkʰ]
goed (het)	բարություն	[barutʰjún]

vampier (de)	սատակ	[saták]
heks (de)	կախարդ	[kaχárd]
demoon (de)	դև	[dev]
geest (de)	հոգի	[hogí]

verzoeningsleer (de)	քավություն	[kʰavutʰjún]
vrijkopen (ww)	քավել	[kʰavél]

mis (de)	արարողություն	[araróġutʰjún]
de mis opdragen	մատուցել	[matuʦʰél]
biecht (de)	խոստովանություն	[χostovanutʰjún]
biechten (ww)	խոստովանել	[χostovanél]

heilige (de)	սուրբ	[surb]
heilig (bn)	սուրբ	[surb]
wijwater (het)	սուրբ ջուր	[surb dʒur]

ritueel (het)	արարողություն	[araróġutʰjún]
ritueel (bn)	արարողական	[araróġakán]
offerande (de)	զոհաբերություն	[zohaberutʰjún]

bijgeloof (het)	սնապաշտություն	[snapaštutʰjún]
bijgelovig (bn)	սնապաշտ	[snapášt]
hiernamaals (het)	հանդերձյալ կյանք	[handerdzjál kjankʰ]
eeuwige leven (het)	հավերժ կյանք	[havérz kjánkʰ]

DIVERSEN

198. Diverse nuttige woorden

achtergrond (de)	ֆոն	[fon]
balans (de)	հավասարակշռություն	[havasarakšrutʰjún]
basis (de)	հիմք	[himkʰ]
begin (het)	սկիզբ	[skizb]
beurt (wie is aan de ~?)	հերթականություն	[hertʰakanutʰjún]

categorie (de)	տեսակ	[tesák]
comfortabel (~ bed, enz.)	հարմար	[hamár]
compensatie (de)	փոխհատուցում	[pʰoχhatutsʰúm]
deel (gedeelte)	մաս	[mas]

deeltje (het)	մասնիկ	[masník]
ding (object, voorwerp)	իր	[ir]
dringend (bn, urgent)	շտապ	[štap]
dringend (bw, met spoed)	շտապ	[štap]
effect (het)	արդյունք	[ardjúnkʰ]

eigenschap (kwaliteit)	հատկություն	[hatkutʰjún]
einde (het)	վերջ	[verdʒ]
element (het)	տարր	[tarr]
feit (het)	փաստ	[pʰast]
fout (de)	սխալմունք	[sχalmúnkʰ]

geheim (het)	գաղտնիք	[gaġtníkʰ]
graad (mate)	աստիճան	[astičán]
groei (ontwikkeling)	աճ	[ač]
hindernis (de)	արգելք	[argélkʰ]
hinderpaal (de)	խոչընդոտ	[χočəndót]

hulp (de)	օգնություն	[ognutʰjún]
ideaal (het)	իղձալ	[ideál]
inspanning (de)	ջանք	[dʒank]
keuze (een grote ~)	ընտրություն	[əntrutʰjún]
labyrint (het)	լաբիրինթոս	[labirintʰós]

manier (de)	միջոց	[midʒóts]
moment (het)	պահ	[pah]
nut (bruikbaarheid)	օգուտ	[ogút]
onderscheid (het)	տարբերություն	[tarberutʰjún]

ontwikkeling (de)	զարգացում	[zargatsʰúm]
oplossing (de)	լուծում	[lutsúm]
origineel (het)	բնորինակ	[bnorinák]
pauze (de)	դադար	[dadár]
positie (de)	դիրք	[dirkʰ]
principe (het)	սկզբունք	[skzbúnkʰ]

probleem (het)	խնդիր	[χndir]
proces (het)	ընթացք	[ənthátshkh]
reactie (de)	ռեակցիա	[reáktshia]

reden (om ~ van)	պատճառ	[patčár]
risico (het)	ռիսկ	[risk]
samenvallen (het)	համընկնում	[haménknúm]
serie (de)	շարք	[šarkh]

situatie (de)	իրադրություն	[iradruthjún]
soort (bijv. ~ sport)	ձև	[dzev]
standaard (bn)	ստանդարտային	[standartajín]
standaard (de)	ստանդարտ	[standárt]
stijl (de)	ոճ	[voč]

stop (korte onderbreking)	ընդմիջում	[əndmidʒúm]
systeem (het)	համակարգ	[hamakárg]
tabel (bijv. ~ van Mendelejev)	աղյուսակ	[aġjusák]
tempo (langzaam ~)	տեմպ	[temp]
term (medische ~en)	տերմին	[termín]

type (soort)	տիպ	[tip]
variant (de)	տարբերակ	[tarberák]
veelvuldig (bn)	խիտ	[χit]
vergelijking (de)	համեմատություն	[hamematuthjún]
voorbeeld (het goede ~)	օրինակ	[orinák]

voortgang (de)	առաջադիմություն	[aradʒadimuthjún]
voorwerp (ding)	առարկա	[ararká]
vorm (uiterlijke ~)	տեսք	[teskh]
waarheid (de)	ճշմարտություն	[čšmartuthjún]
zone (de)	հատված	[hatváts]